Hermann Hesse, geboren am 2. 7. 1877 in Calw/Schwarzwald, gestorben am 9. 8. 1962 in Montagnola/Tessin, 1946 ausgezeichnet mit dem Nobelpreis für Literatur, ist heute mit Gesamtauflagen von über 8- bzw. über 11 Millionen Exemplaren der meistgelesene europäische Autor in den USA und in Japan.
Die Beschäftigung und produktive Auseinandersetzung mit dem Werk und der Wirkung Goethes durchzieht Hesses gesamte Biographie. »Unter allen deutschen Dichtern ist Goethe derjenige, der mich am meisten beschäftigt, bedrängt, ermuntert, zu Nachfolge oder Widerspruch gezwungen hat«, schrieb er 1932 in der Titelbetrachtung. In vielen Briefen und Schriften Hesses, obenan im »Steppenwolf«, ist ihm Goethe zum Kristallisationskern und Indikator eigener Probleme geworden. Dieser Band rekapituliert mit den wichtigsten Aufsätzen, frühen Briefen, dem Goethe-Traum aus dem »Steppenwolf«, einer Auswahl der publizistischen Hinweise Hesses auf Neuausgaben der Werke Goethes von 1904-1949 und mit dreißig von Hesse zu Goethes 100. Todestag ausgewählten Goethe-Gedichten eine lebenslange Wahlverwandtschaft. Ein 1970 entstandener Essay des russischen Literaturwissenschaftlers Reso Karalaschwili von der Universität Tbilissi ergänzt diese Dokumentation.
Bereits 1925 schrieb Otto Flake über Hesses Betrachtung »Goethe und Bettina«: »Nichts Aufschlußreicheres kann über Goethe gesagt werden als die kurzen Ausführungen, die Hermann Hesse gemacht hat. Man lese in den Kompendien die sentimentalen Verzückungen über das Verhältnis Goethes zu Bettina, und man lese die ungeachtet aller Diskretion tödlichen Worte Hesses über die Einseitigkeit dieser Beziehung, bei der das naive und warme Angebot auf seiten des Mädchens und der Frau, die Starre, die unbeteiligte Duldung bei dem Alten war, der schon in der Ferne weilte, wo die irdische Erscheinung eines großen Menschen gespenstisch wird.«
»Da ist nichts Philologisches, da ist nur fließende Wärme, sinnliche Anschauung und geistige Deutung in einem. In der unübersehbaren Literatur ist es ein erfrischendes, reinigendes und begeisterndes Dokument darüber, wieviel Näheres und Tieferes ein Dichter in wenigen Seiten über den Genius auszusagen vermag, als dessen Nutznießer in vielen dicken Wälzern.« *Heinrich Wiegand*

insel taschenbuch 129

Hermann Hesse

Dank an Goethe

HERMANN HESSE
DANK AN GOETHE

Betrachtungen, Rezensionen, Briefe
Mit einem Essay
von Reso Karalaschwili
Insel Verlag

Neu zusammengestellt
von Volker Michels

insel taschenbuch 129
Erweiterte Auflage
Erste Auflage 1975

Insel Verlag Frankfurt am Main
Vertrieb durch den Suhrkamp Taschenbuch Verlag
Umschlag nach Entwürfen von Willy Fleckhaus
Satz: LibroSatz, Kriftel
Druck: Nomos Verlagsgesellschaft, Baden-Baden
Printed in Germany

4 5 6 7 8 9 – 91 90 89 88 87 86

HERMANN HESSE

DANK AN GOETHE

Goethe

Portrait von J. J. Schmeller, 1827

DANK AN GOETHE

Unter allen deutschen Dichtern ist Goethe derjenige, dem ich am meisten verdanke, der mich am meisten beschäftigt, bedrängt, ermuntert, zu Nachfolge oder Widerspruch gezwungen hat. Er ist nicht etwa der Dichter, den ich am meisten geliebt und genossen, gegen den ich die kleinsten Widerstände gehabt habe, o nein, da kämen andere vorher: Eichendorff, Jean Paul, Hölderlin, Novalis, Mörike und noch manche. Aber keiner dieser geliebten Dichter ist mir je zum tiefen Problem und wichtigen sittlichen Anstoß geworden, mit keinem von ihnen bedurfte ich des Kampfes und der Auseinandersetzung, während ich mit Goethe immer wieder Gedankengespräche und Gedankenkämpfe habe führen müssen (eines von ihnen steht im »Steppenwolf«, eines von hunderten). Darum möchte ich versuchen zu zeigen, was Goethe mir bedeutet und welches die Aspekte sind, unter denen er mir hauptsächlich erschienen ist.

Ich lernte ihn beinahe noch als Knabe kennen, und seine Jugendgedichte samt dem Werther gewannen mich vollkommen. Mich dem Dichter Goethe hinzugeben, fiel mir leicht, denn er brachte den Duft von Jugend mit, samt dem Duft von Wald, Wiese und Kornfeld, und in seiner Sprache, von der Frau Rat her, die ganze Tiefe und die ganze Spielerei der Volksweisheit, die Klänge von Natur und Handwerk, und dazu einen hohen Grad von Musik. Dieser Goethe, der reine Dichter, der Sänger, der ewig junge und naive, ist mir denn auch nie zum Problem geworden und hat sich mir nie verdunkelt.

Dagegen geriet ich während meiner Jünglingsjahre noch

an einen anderen Goethe: an den großen Schriftsteller, an den Humanisten, Ideologen und Erzieher, den Rezensenten und Programmatiker, an den Weimarer Literaten Goethe, an den Freund Schillers, den Kunstsammler, den Zeitschriftengründer, den Verfasser zahlloser Aufsätze und Briefwechsel, den Diktator Eckermanns, und auch dieser Goethe wurde mir ungeheuer wichtig. Anfangs bewunderte und verehrte ich auch ihn bedingungslos, und verteidigte gegen meine Freunde oft noch seine kanzleimäßigsten Skripturen. War auch seine Erscheinung je und je etwas bürgerlich, etwas bieder, etwas beamtenhaft und allzu weit aus den Wildnissen Werthers entlaufen, so war das Format doch immer groß, und gemeint war immer ein hohes Ziel, das edelste aller Ziele: die Ermöglichung und Begründung eines vom Geist regierten Lebens, für ihn selbst nicht nur, sondern für seine Nation und Zeit. Es war, auch noch in seinen Entgleisungen, der Versuch, sich des Wissens und jeglicher Lebenserfahrung seiner Zeit allseitig zu bemächtigen und es in den Dienst eines hohen persönlichen Geistes, ja darüber hinaus in den Dienst einer überpersönlichen Geistigkeit und Sittlichkeit zu stellen.

Der Schriftsteller Goethe hatte für die Besten seiner Zeit ein Menschenbild, ein Menschen-Vorbild errichtet, welchem zu gleichen, welchem sich näher zu bilden das Ideal derer war, welche eines guten Willens waren.

Bei Goethe dem Dichter war viel zu genießen, aber nichts zu lernen. Was er konnte, war unerlernbar und einmalig. Darum wurde er mir nicht zum Vorbild oder zum Problem. Dagegen war der Literat, der Humanist und Ideologe Goethe mir sehr bald ein großes Problem geworden;

kein anderer Schriftsteller außer Nietzsche hat mich je so beschäftigt, so angezogen und gepeinigt, so zur Auseinandersetzung gezwungen. Ein Stück weit schien dieser Literat Goethe mit dem Dichter Goethe ganz parallel zu gehen und beinah eins zu sein, plötzlich aber waren sie weit auseinander, widersprachen sich und taten einander Abbruch. War auch der Dichter sympathischer und brachte mehr Genuß, so war doch der Literat Goethe sehr wichtig zu nehmen und durfte nicht umgangen werden, das fühlte ich schon als Zwanzigjähriger, denn er war der großzügigste und scheinbar geglückteste Versuch, ein deutsches Leben auf den Geist zu begründen. Er war ferner ein ganz einmaliger Versuch zu einer Synthese der deutschen Genialität mit der Vernunft, zu einer Versöhnung des Weltmanns mit dem Himmelsstürmer, des Antonio mit dem Tasso, der unverantwortlichen, musikalisch-dionysischen Schwärmerei mit einem Glauben an Verantwortlichkeit und sittliche Verpflichtung.

Geglückt war dieser Versuch offenbar nicht ganz. Er konnte ja auch gar nicht glücken! Er mußte trotzdem immer und immer wiederholt werden, denn das Höchste und Unmögliche immer wieder anzustreben, das gerade schien mir ja das Merkmal des Geistes zu sein. Es war Goethe in seinem eigenen Leben und Werke nicht ganz geglückt, den naiven Dichter und den klugen Weltmann, die Seele mit der Vernunft, den Anbeter der Natur mit dem Prediger des Geistes zu vereinen, es klaffte da und dort ein breiter Riß, es entstanden da und dort peinliche, ja unerträgliche Konflikte. Es hing zuweilen die Vernunft und Tugend dem Dichter wie eine zu große Perücke um den Kopf, und es erstickte nicht selten seine naive Geniali-

tät in einer Steifheit, die aus dem Streben nach Bewußtheit und Bändigung entstanden war.
Und darüber hinaus schien es Goethe auch nicht geglückt zu sein, sein Vorbild durchzusetzen und etwas wie eine richtige Schule oder Lehre zu hinterlassen. Auch jenen Dichtern und Schriftstellern, welche sich die größte Mühe gaben, seinem Vorbild nachzueifern, gelang es nicht, die gesuchte Einheit zu erreichen, sie blieben sogar weit hinter dem Vorgänger zurück. Ein Beispiel von vielen war Stifter, ein geliebter Dichter ersten Ranges, der in seinem wundervollen »Nachsommer« gelegentlich richtig wie ein kleinerer Goethe über Kunst und Leben philiströse Gemeinplätze in einer papierenen Sprache von sich geben konnte, bei welchen man erschrak, daß sie so dicht neben den zauberhaftesten Schönheiten stehen konnten. Das Vorbild war deutlich kenntlich, und man erinnerte sich: auch im »Wilhelm Meister« standen die wunderbarsten dichterischen Seiten neben solchen von hoffnungsloser Dürre.
Nein, es war Goethe nicht so ganz geglückt, und zuzeiten wurde er mir dadurch richtig fatal und peinlich. War er am Ende wirklich, wie die ihn nicht gelesen habenden, naiven Marxisten meinten, eben nur ein Heros des Bürgertums, der Mitschöpfer einer subalternen, kurzfristigen, heute längst schon wieder abgeblühten Ideologie?
Ich hätte ihn ja weglegen und es bei der Enttäuschung bewenden lassen können. Aber eben das konnte ich nicht! Eben dies war das Wunderliche, Schöne und auch Quälende: man kam nicht los von ihm, man mußte seine Anläufe mitlaufen, seine Mißerfolge mitleiden, seine Zwiespältigkeiten in sich selbst wiederfinden!

Schon dies war ja gewinnend und groß: daß er sich nicht mit kleinen Zielen begnügte, daß er das Große suchte, daß er Ideale aufstellte, die nicht zu erfüllen waren. Zwingend aber war vor allem die mit den Jahren bei mir wachsende Einsicht, daß Goethes Problem nicht das seine allein, und nicht das des Bürgertums allein war, sondern das eines jeden Deutschen, dem es mit dem Geist und mit dem Wort ernst war. Man konnte nicht ein deutscher Schriftsteller sein und sich um Goethes Vorbild und Versuche drücken, einerlei ob sie mißglückt waren oder nicht. Es mochte anderen Literaten viel besser gelungen sein, den Geist ihrer Zeit im Wort zu repräsentieren, es mochte zum Beispiel Voltaire sein Jahrhundert und seine Lebensschicht reiner und vollkommener zur Darstellung gebracht haben – aber war Voltaire nicht eben darum abgelebt, war er uns denn mehr als eine Erinnerung, der Name eines großen Virtuosen? Hatten wir noch herzlichen und verantwortlichen Anteil an seinen Antrieben und Meinungen? Nein. Aber Goethe war nicht mit seinem Zeitalter abgeblüht, er ging uns noch an, er war noch unheimlich aktuell.
Manche Jahre habe ich mich so mit Goethe geplagt und ihn zur Unruhe meines geistigen Lebens werden lassen, ihn und Nietzsche. Wäre nicht der Weltkrieg gekommen, ich hätte noch tausendmal dieselben Gedanken gedacht und dieselben Schwankungen geschwankt. Aber es kam der Krieg, und es zeigte sich mir mit dem Krieg das alte deutsche Problem des Schriftstellers, das tragische Schicksal des Geistes und des Wortes im deutschen Leben schmerzlicher als jemals. Es zeigte sich das vollkommene Fehlen jener Tribüne, an welcher Goethe einst gebaut hatte. Es trat eine verantwortungslose, teils begeistert-trun-

kene, teils auch einfach gekaufte Schreiberei auf den Plan, eine sehr patriotische, aber dumme, verlogene und rohe Schreiberei, unwürdig Goethes, unwürdig des Geistes, unwürdig des deutschen Volkes, sogar berühmte Gelehrte und Autoren schrieben plötzlich wie Unteroffiziere, es schien nicht nur jede Brücke zwischen Geist und Volk abgebrochen, es schien überhaupt keinen Geist mehr zu geben. (Ich habe hier nicht zu untersuchen, wieweit diese Erscheinung keineswegs nur deutsch, sondern ein Merkmal vieler oder aller Kriegsländer war; für mich wurde sie in der deutschen Form wichtig und rief mich in der deutschen Form zum Kampf auf. Meine Pflicht war nicht zu untersuchen, ob Frankreich und England vom Geist verlassen seien und sie vor der täglich wachsenden Sünde gegen den Geist zu warnen, sondern dies auf meinem eigenen Boden zu tun.)

Scheinbar hörte hier das Problem Goethe für längere Zeit in meinem Leben auf, es hieß jetzt nicht mehr Goethe, sondern Krieg, und als der Krieg zu Ende war, hieß es: Europa, und heute steht es ja wohl auch so, daß in allen Ländern Europas die kleine Minorität der Denkenden das Problem und die Forderung der Stunde genau erkannt hat, während die gesamte offizielle Gehabung und Politik noch immer dicht vor dem Abgrund für die bunten Fahnen schon erstorbener Ideale kämpft.

Es war Krieg, und für den Augenblick schien es keinen Goethe mehr zu geben, während doch sein großes Problem: die Regierung des Menschenlebens durch den Geist, das einzige brennende Problem in der Welt war. Wir Literaten, soweit wir nicht käuflich oder eben vom Krieg betrunken waren, sahen uns genötigt, Schritt für Schritt die eigenen Fundamente abzutasten und Schritt für Schritt uns über die eigene Verantwortlichkeit klar zu werden. Meine Geistessorgen waren in ein flammendes Stadium getreten. Aber auch mitten im Kriege gab es je und je Auseinandersetzungen mit Goethe, und zuweilen beschwor der aktuelle Konflikt ganz plötzlich seine Gestalt, welche mir von neuem zum Sinnbild wurde. Das geistige und sittliche Problem, das mir im ersten Stadium des Krieges das Leben zu Kampf und Qual machte, war der anscheinend unlösliche Konflikt zwischen Geist und Vaterlandsliebe. Hätte man damals den offiziellen Stimmen, vom großen Gelehrten bis zum Zeitungsplauderer herab, Glauben schenken wollen, so war der Geist (nämlich: die Wahrheit und der Dienst an ihr) der direkte Todfeind des Patriotismus. War man Patriot, so hatte man nach der öffentlichen Meinung mit Wahrheit nichts zu tun, war ihr keineswegs verpflichtet, sie war Spielerei und Schimäre; vielmehr war der Geist innerhalb des Patriotismus lediglich soweit erlaubt, als er mißbraucht werden konnte, um die Kanonen zu unterstützen. Wahrheit war Luxus, und Lüge war im Namen und Dienst des Vaterlandes erlaubt und löblich. Ich konnte mir die Moral der Patrioten nicht zu eigen machen, so sehr ich Deutschland liebte, denn ich sah im Geist nicht ein beliebiges Werkzeug oder Kampfmittel, und ich war nicht General oder Kanzler, sondern stand im Dienst des Geistes. Damals und in diesem Zusammenhang begegnete denn auch Goethe mir wieder. Die Patrioten, welche damals jeglichen Besitz der Nation als Kriegsmittel auszubeuten suchten, entdeckten sehr bald, daß Goethe zu diesem Zwecke unbrauchbar sei, er war kein Nationalist, und er hatte sogar seinem Volk einige Male recht unangenehme Wahrheiten zu sagen gewagt. Vom Sommer 1914 an sank Goethe, und mit ihm mancher andere gute Geist, tief im Kurs, und es wurden, um die Lücke zu füllen (denn große Geister brauchte man für die ekelhafte »Kulturpropaganda«), andere Namen wieder entdeckt und plakatiert, die sich besser zur Rechtfertigung des Nationalismus und Krieges gebrauchen ließen: die erfolgreichste dieser Ausgrabungen hieß Hegel.

Als damals Romain Rolland in einem seiner Kriegsaufsätze mich als seinen Gesinnungsgenossen entdeckte und meinen Standpunkt als »goethisch« bezeichnete, traf das Wort mich mit durchdringender Mahnung: es erinnerte mich an Goethe, den Stern meiner Jugend, und bestärkte mich in allem, was mir heilig war, und zugleich entging mir nicht, daß vom offiziellen deutschen Standpunkt aus die Bezeichnung »goethisch« geradezu ein Schimpfwort war.

Auch jenes Stadium ist vorüber. Und auch jener heftige Einschnitt in unser Leben hatte also nicht vermocht, mich von Goethe zu trennen, mir ihn gleichgültig werden zu lassen.

Woran mochte das liegen? War Goethe am Ende doch mehr als der zum Teil gescheiterte Schriftsteller und Ideologe, war er nicht auch noch ein wenig mehr als nur der geniale, sprachkräftige Dichter? Warum mußte man zu ihm zurück, auch wenn man sich noch so viel mit ihm auseinandergesetzt, sich in Wichtigem von ihm getrennt hatte?

Wenn ich das zu ergründen suche, dann entsteht vor meiner Anschauung noch ein anderer Goethe, ein weniger deutlich umrissener, ein halbsichtbarer und geheimnisvoller: Goethe der Weise. So klar und so liebenswert mir das Bild des zauberischen Dichters Goethe erscheint, so klar ich auch den Literaten und Lehrer Goethe zu sehen glaube – hinter diesen Gestalten steht, durch sie hindurchscheinend, noch eine andere Gestalt. In dieser, für mich höchsten Goethegestalt vereinen sich die Widersprüche, sie deckt sich nicht mit der einseitig apollinischen Klassizität noch auch mit dem die Mütter suchenden, dunklen Faustgeist, sondern besteht eben in dieser Bipolarität, in diesem Überall-und-nirgends-Zuhausesein. Einzelne Sprüche und Dichtungen dieses geheimnisvollen Weisen finden wir namentlich in seinen Alterswerken, in Gedichten, späten Faustpartien, in Briefen, in der »Novelle«. Aber derselbe reife, schon überpersönliche Goethe blickt uns auch, wenn wir ihn erst einmal kennen, aus manchen Werken und Zeugnissen seiner Mannes- und Jünglingszeit an. Er war immer vorhanden, er hat sich nur oft lange verborgen. Er ist zeitlos, denn alle Weisheit ist zeitlos. Er ist unpersönlich, denn alle Weisheit überwindet die Person.

Diese Weisheit Goethes, die er selber oft verhüllt, die ihm selber oft wieder verloren gegangen schien, ist nicht mehr bürgerlich, ist nicht mehr Sturm und Drang oder Klassizismus oder gar Biedermeier, sie ist sogar kaum mehr goethisch, sondern sie atmet gemeinsame Luft mit der Weisheit Indiens, Chinas, Griechenlands, sie ist nicht mehr Wille und nicht mehr Intellekt, sondern Frömmigkeit, Ehrfurcht, Dienenwollen: Tao. Jeder echte Dichter hat ja einen Funken von ihr, weder Kunst noch Religion sind ohne sie möglich, und gewiß atmet sie auch im kleinsten Gedicht von Eichendorff, aber sie hat bei Goethe ein paar mal sich zu so magischen Worten verdichtet, wie sie es nicht in jedem Volke und nicht in jedem Jahrhundert tut. Sie steht hoch über aller Literatur. Sie ist nichts als Anbetung, nichts als Ehrfurcht vor dem Leben, sie will nur dienen und kennt keine Ansprüche, keine Forderungen oder Rechte. Es ist jene Weisheit, von der alle Sagen aller edlen Völker wissen, daß sie einst vorhanden war, zu den Zeiten der großen Herrscher, und daß die Herrscher und ihre Diener ihr untreu geworden sind, und daß Umkehr zu ihr der einzige Weg ist, um die Erde wieder mit dem Himmel zu versöhnen.

Mir, der ich eine besondere Liebe zu den klassischen Autoren der Chinesen habe, scheint sie, auch bei Goethe, ein chinesisches Gesicht zu haben. Darum ist es mir eine kleine Freude zu wissen, daß in der Tat Goethe sich mehrmals mit Chinesischem befaßt hat, und daß ein kleiner, wunderbarer Gedichtkreis des ältesten Goethe (aus dem Jahr 1827) die Überschrift trägt: »Chinesisch-deutsche Jahres- und Tageszeiten«. Wir haben in den neueren Literaturen nicht viele Äußerungen dieser Urweisheit. In Deutschland hat sie sich nur selten im Wort geäußert, Deutschland ist in seiner Musik frömmer, reifer, weiser als in seinem Wort.

Daß Goethe durch sein Dichtertum und durch sein Literatentum hindurch je und je zu diesem Höchsten emporgestoßen ist, zu der Ruhe über den Wirbeln, das ist es, was mich immer wieder zu ihm gezogen, was mich veranlaßt hat, auch manche seiner zweifelhaften, seiner mißglückten Schriften je und je wieder zu durchsuchen. Denn es gibt kein höheres Schauspiel als den Menschen, der weise geworden ist und die Befangenheit des Zeitlichen und Persönlichen abgestreift hat. Und wenn wir einen Menschen kennen, von dem wir glauben, daß er dies erreicht habe, dann gewinnt er für uns ein mit nichts zu vergleichendes Interesse. Und wenn wir an allem Glauben, an aller Weisheit zu verzweifeln beginnen, dann kann es recht eigentlich ein Trost sein, die Wege eines Weisen zu verfolgen und zu sehen, wie menschlich, wie schwach, wie unzulänglich auch er zu Zeiten sein konnte.

Aus manchen Anzeichen muß ich schließen, daß die deutsche Jugend Goethe kaum mehr kennt. Vermutlich ist es ihren Lehrern gelungen, ihn ihr zu entleiden. Wenn ich eine Schule oder Hochschule zu leiten hätte, so würde ich die Lektüre Goethes verbieten und sie als höchste Belohnung den Besten, Reifsten, Wertvollsten vorbehalten. Sie würden mit Erstaunen entdecken, wie unmittelbar er den heutigen Leser vor die große Frage des Heute stellt, vor die Frage Europas. Und sie würden in dem Geist, der uns retten könnte, und in der Bereitschaft, diesem Geist mit allen Opfern zu dienen, keinen besseren Führer und Kameraden finden als Goethe.

(Geschrieben auf die Bitte von Romain Rolland für die Goethenummer der Zeitschrift »Europe« im Jahre 1932)

TRAUM VON EINER AUDIENZ BEI GOETHE

Aus dem »Steppenwolf«

Was mir von diesem Traume im Gedächtnis blieb, war dieses: Ich saß und wartete in einem altmodischen Vorzimmer. Zuerst wußte ich nur, daß ich bei einer Exzellenz angemeldet sei, dann fiel mir ein, daß es ja Herr von Goethe sei, von dem ich empfangen werden sollte. Leider war ich nicht ganz als Privatmann hier, sondern als Korrespondent einer modernen Zeitschrift, das störte mich sehr, und ich konnte nicht begreifen, welcher Teufel mich in diese Situation hineingeritten habe. Außerdem beunruhigte mich ein Skorpion, der soeben noch sichtbar gewesen war und an meinem Bein hochzuklettern versucht hatte. Ich hatte mich zwar gegen das kleine schwarze Kriechtier gewehrt und geschüttelt, wußte aber nicht, wo es jetzt stecke, und wagte nirgends hinzugreifen.

Auch war ich nicht ganz sicher, ob man mich nicht aus Versehen statt bei Goethe bei Matthisson angemeldet habe, den ich aber im Traum mit Bürger verwechselte, denn ich schrieb ihm die Gedichte an Molly zu. Übrigens wäre mir ein Zusammentreffen mit Molly höchst erwünscht gewesen, ich dachte sie mir wundervoll, weich, musikalisch, abendlich. Wäre ich nur nicht im Auftrag jener verwünschten Redaktion dagesessen! Mein Unmut hierüber stieg mehr und mehr, und übertrug sich allmählich auch auf Goethe, gegen den ich nun mit einem Mal alle möglichen Bedenken und Vorwürfe hatte. Das konnte eine schöne Audienz geben! Der Skorpion aber, wenn auch gefährlich und vielleicht in meiner nächsten Nähe versteckt, war doch vielleicht nicht so schlimm; er

konnte, so schien mir, vielleicht auch Freundliches bedeuten, es schien mir sehr möglich, daß er irgend etwas mit Molly zu tun habe, eine Art Bote von ihr sei oder ihr Wappentier, ein schönes, gefährliches Wappentier der Weiblichkeit und der Sünde. Konnte das Tier nicht vielleicht Vulpius heißen? Aber da riß ein Diener die Tür auf, ich erhob mich und ging hinein.
Da stand der alte Goethe, klein und sehr steif, und richtig

Goethe
Portrait von H. C. Kolbe, 1822

hatte er einen dicken Ordensstern auf seiner Klassikerbrust. Immer noch schien er zu regieren, immer noch in Audienz zu empfangen, immer noch die Welt aus seinem Weimarer Museum her zu kontrollieren. Denn kaum hatte er mich erblickt, so nickte er ruckend mit dem Kopf wie ein alter Rabe und sprach feierlich: »Nun, ihr jungen Leute, Ihr seid ja wohl mit uns und unseren Bemühungen recht wenig einverstanden?«

»Ganz richtig«, sagte ich, von seinem Ministerblick durchkältet. »Wir jungen Leute sind in der Tat nicht mit Ihnen einverstanden, alter Herr. Sie sind uns zu feierlich, Exzellenz, und zu eitel und wichtigtuerisch und zu wenig aufrichtig. Dies dürfte das Wesentliche sein: zu wenig aufrichtig.«

Der kleine alte Mann bewegte den strengen Kopf etwas nach vorn, und indem sein harter, amtlich gefalteter Mund sich in einem kleinen Lächeln entspannte und entzückend lebendig wurde, schlug mir plötzlich das Herz, denn es fiel mir auf einmal das Gedicht ein »Dämmrung senkte sich von oben«, und daß dieser Mann und dieser Mund es sei, aus dem die Worte jenes Gedichtes gekommen waren. Eigentlich war ich in diesem Augenblick schon vollkommen entwaffnet und übermannt und wäre am liebsten vor ihn hingekniet. Aber ich hielt mich stramm und hörte aus seinem lächelnden Munde die Worte: »Ei, also der Unaufrichtigkeit zeihen Sie mich? Was das für Worte sind! Wollen Sie sich nicht näher erklären?«

Gerne wollte ich das, sehr gerne.

»Sie haben, Herr von Goethe, gleich allen großen Geistern die Fragwürdigkeit, die Hoffnungslosigkeit des Menschenlebens deutlich erkannt und gefühlt: die Herrlichkeit des Augenblicks und sein elendes Verwelken, die Unmöglichkeit, eine schöne Höhe des Gefühls anders zu bezahlen als durch die Kerkerhaft des Alltags, die brennende Sehnsucht nach dem Reich des Geistes, die mit der ebenso brennenden und ebenso heiligen Liebe zur verlorenen Unschuld der Natur in ewigem tödlichem Kampfe liegt, dies ganze furchtbare Schweben im Leeren und Ungewissen, dies Verurteiltsein zum Vergänglichen, niemals Vollgültigen, ewig Versuchhaften und Dilettantischen – kurz: die ganze Aussichtslosigkeit, Verstiegenheit und brennende Verzweiflung des Menschseins. Dies alles haben Sie gekannt, sich je und je auch dazu bekannt, und dennoch haben Sie mit Ihrem ganzen Leben das Gegenteil gepredigt, haben Glauben und Optimismus geäußert, haben sich und anderen eine Dauer und einen Sinn unserer geistigen Anstrengungen vorgespiegelt. Sie haben die Bekenner der Tiefe, die Stimmen der verzweifelten Wahrheit abgelehnt und unterdrückt, in sich selbst ebenso wie in Kleist und Beethoven. Sie haben jahrzehntelang so getan, als sei das Anhäufen von Wissen, von Sammlungen, das Schreiben und Sammeln von Briefen, als sei Ihre ganze Weimarer Altersexistenz in der Tat ein Weg, um den Augenblick zu verewigen, den Sie doch nur mumifizieren konnten, um die Natur zu vergeistigen, die Sie doch nur zur Maske stilisieren konnten. Das ist die Unaufrichtigkeit, die wir Ihnen vorwerfen.«

Nachdenklich blickte der alte Geheimrat mir in die Augen, sein Mund lächelte noch immer. Dann fragte er zu meiner Verwunderung: »Die Zauberflöte von Mozart muß Ihnen dann wohl recht sehr zuwider sein?«

Und noch ehe ich protestieren konnte, fuhr er fort: »Die Zauberflöte stellt das Leben als einen köstlichen Gesang dar, sie preist unsere Gefühle, die doch vergänglich sind, wie etwas Ewiges und Göttliches, sie stimmt weder dem Herrn v. Kleist noch dem Herrn Beethoven zu, sondern predigt Optimismus und Glauben.«

»Ich weiß, ich weiß!« rief ich wütend. »Weiß Gott, wie Sie gerade auf die Zauberflöte verfallen sind, die mir das Liebste auf der Welt ist! Aber Mozart ist nicht zweiundachtzig

Jahre alt geworden und hat nicht in seinem persönlichen Leben diese Ansprüche an Dauer, an Ordnung, an steife Würde gestellt wie Sie! Er hat sich nicht so wichtig gemacht! Er hat seine göttlichen Melodien gesungen und ist arm gewesen und ist früh gestorben, arm, verkannt – –«
Der Atem ging mir aus. Tausend Dinge hätten jetzt in zehn Worten gesagt werden müssen, ich begann an der Stirn zu schwitzen.
Goethe aber sagte sehr freundlich: »Daß ich 82 Jahre alt

Goethes Bühnenentwurf
zu Mozarts »Zauberflöte«

geworden bin, mag immerhin unverzeihlich sein. Mein Vergnügen daran war indessen geringer, als Sie denken mögen. Sie haben recht: ein großes Verlangen nach Dauer hat mich stets erfüllt, ich habe stets den Tod gefürchtet und bekämpft. Ich glaube, der Kampf gegen den Tod, das unbedingte und eigensinnige Lebenwollen ist der Antrieb, aus welchem alle hervorragenden Menschen gehandelt und gelebt haben. Daß man am Ende dennoch sterben muß, dies hingegen, mein junger Freund, habe ich mit 82

Jahren ebenso bündig bewiesen, wie wenn ich als Schulknabe gestorben wäre. Wenn es zu meiner Rechtfertigung dienen kann, möchte ich dies noch sagen: in meiner Natur ist viel Kindliches gewesen, viel Neugierde und Spieltrieb, viel Lust zum Zeitvergeuden. Nun, und da habe ich eben etwas lange gebraucht, bis ich einsah, es müsse des Spielens einmal genug sein.«

Während er dies sagte, lächelte er ganz durchtrieben, geradezu schlingelhaft. Seine Gestalt war größer geworden, die steife Haltung und die krampfhafte Würde im Gesicht war verschwunden. Und die Luft um uns her war jetzt ganz voll von lauter Melodien, lauter Goetheliedern, ich hörte Mozarts Veilchen und Schuberts »Füllest wieder Busch und Tal« deutlich heraus. Und Goethes Gesicht war jetzt rosig und jung und lachte und glich bald dem Mozart, bald dem Schubert wie ein Bruder, und der Stern auf seiner Brust bestand aus lauter Wiesenblumen, eine gelbe Primel blühte froh und feist aus seiner Mitte hervor.

Es paßte mir nicht ganz, daß der alte Mann sich meinen Fragen und Anklagen auf eine so scherzhafte Art entziehen wollte, und ich blickte ihn vorwurfsvoll an. Da neigte er sich vor und brachte seinen Mund, den schon ganz kindlich gewordenen Mund, dicht an mein Ohr und flüsterte leise in mein Ohr hinein: »Mein Junge, du nimmst den alten Goethe viel zu ernst. Alte Leute, die schon gestorben sind, muß man nicht ernst nehmen, man tut ihnen sonst unrecht. Wir Unsterblichen lieben das Ernstnehmen nicht, wir lieben den Spaß. Der Ernst, mein Junge, ist eine Angelegenheit der Zeit; er entsteht, soviel will ich dir verraten, aus einer Überschätzung der Zeit. Auch ich habe

den Wert der Zeit einst überschätzt, darum wollte ich hundert Jahre alt werden. In der Ewigkeit aber, siehst du, gibt es keine Zeit; die Ewigkeit ist bloß ein Augenblick, gerade lang genug für einen Spaß.«
In der Tat war kein ernstes Wort mehr mit dem Mann zu reden, er tänzelte vergnügt und gelenkig auf und nieder und ließ die Primel aus seinem Stern bald wie eine Rakete herausschießen, bald klein werden und verschwinden. Während er mit seinen Tanzschritten und Figuren glänzte, mußte ich denken, daß dieser Mann es wenigstens nicht versäumt habe, tanzen zu lernen. Er konnte es wundervoll. Da fiel der Skorpion mir wieder ein oder vielmehr Molly, und ich rief Goethe zu: »Sagen Sie, ist Molly nicht da?«
Goethe lachte laut. Er ging zu seinem Tisch, schloß ein Schubfach auf, nahm eine kostbare lederne oder samtene Dose heraus, öffnete sie und hielt sie mir unter die Augen. Da lag klein, tadellos und schimmernd ein winziges Frauenbein auf dem dunklen Sammet, ein entzückendes Bein, im Knie ein wenig gebogen, der Fuß nach unten gestreckt, in die zierlichsten Zehen spitz auslaufend.
Ich streckte die Hand aus und wollte das kleine Bein an mich nehmen, das mich ganz verliebt machte, aber sowie ich mit zwei Fingern zugreifen wollte, schien das Spielzeug sich mit einem winzigen Zuck zu bewegen, und es kam mir plötzlich der Verdacht, dies könne der Skorpion sein. Goethe schien das zu begreifen, schien sogar gerade dies gewollt und bezweckt zu haben, diese tiefe Verlegenheit, diesen zuckenden Zwiespalt von Begehren und Angst. Er hielt mir das reizende Skorpiönchen ganz nahe vors Gesicht, sah mich danach verlangen, sah mich davor

zurückschaudern, und dies schien ihm ein großes Vergnügen zu machen. Während er mich mit dem holden gefährlichen Ding neckte, war er wieder ganz alt geworden, uralt, tausend Jahre alt, mit schneeweißem Haar, und sein welkes Greisengesicht lachte still und lautlos, lachte heftig in sich hinein mit einem abgründigen Greisenhumor.

(1926)

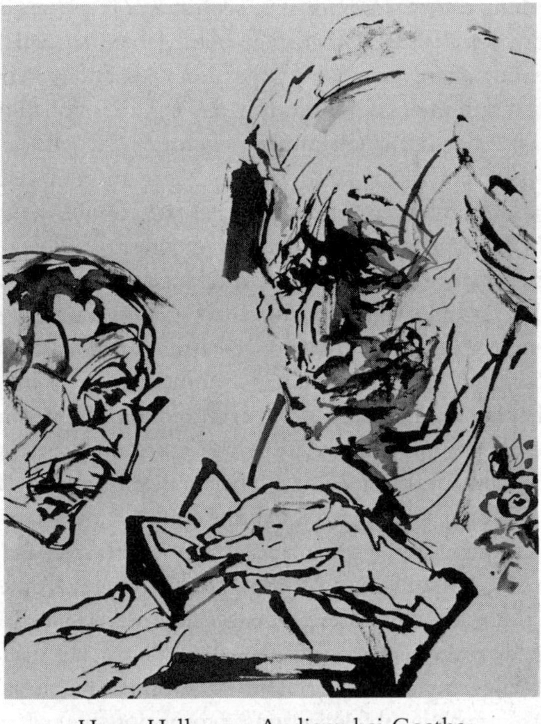

»Harry Haller zur Audienz bei Goethe«
Zeichnung von Gunter Böhmer, 1974

»DREISSIG GEDICHTE«

ausgewählt und eingeleitet von Hermann Hesse zum hundertsten Todestag 22. März 1932

Zu den merkwürdigsten Büchern der Weltliteratur gehören die gesammelten Gedichte von Goethe: nahezu anderthalbtausend Seiten mit vielen Hunderten und Aberhunderten von Gedichten, geschrieben von einem und dem selben Manne, von seinem fünfzehnten bis zu seinem achtzigsten Lebensjahr. Auf den ersten Blick hat diese beinah monströse Masse von Gedichten keinerlei Einheit und man begreift kaum, daß das alles von dem selben Urheber stammen soll, es scheint ein reizvolles, aber chaotisches Durcheinander von allem zu sein, was an Versdichtung nur irgend erdenkbar ist: von der wild hingestürmten Skizze bis zum ausgefeiltesten Kleinkunstwerk, vom ergriffenen Gestammel bis zur kühl-virtuosen Spielerei, vom drolligen Einfall bis zur konzentriertesten Lebensweisheit, vom steifen Gratulationsvers bis zum ekstatischen Liebesbekenntnis, von der gedrechselten Höflichkeitsphrase bis zum erschreckten Verstummen vor dem Weltgeheimnis! Es sind Verse von porzellanener Glätte dabei und Verse von rücksichtsloser Rauheit, Verse voll altkluger Könnerei und andre voll Geheimnis und süßem Grauen, oft verspielt und vertändelt bis ins Törichte, dann wieder schwer, voll innigsten Zaubers, Verse, die wie von einem dilettierenden Nachahmer ferner klassischer Vorbilder sind, und dann wieder solche, in denen jede Zeile irgendein Goldkorn, ein Wunder, einen Schöpfungsakt enthält. Alles Ersinnliche scheint dieser Dichter einmal probiert und getrieben, jedes Vorbild einmal angebetet und nachgeahmt zu haben, mit den Vers- und Gedichtformen spielt er bald überlegen, bald verliebt wie ein Knabe, der einen Kasten voll Masken und Kostüme entdeckt hat und sie lüstern durchprobiert, er zwingt und biegt die deutsche Sprache gegen das Griechische, das Latein, das Persische, das Französische, das Sanskrit hinüber, unbegrenzt neugierig und experimentierlustig, äußerst launisch, oft fast unerträglich schulmeisternd, oft hinreißend kindlich, oft übermenschlich weise, immer wieder alle Stufen zwischen schöpferischer Besessenheit und Pedanterie, zwischen genialer Hingabe und ängstlicher Selbstbewahrung zurücklegend. Es ist ein einzigartiges Schauspiel, das sich schon beim bloßen Durchblättern, beim Überfliegen der tausend Gedicht-Überschriften darbietet, und wenn Goethe keinen Werther, keinen Faust, keine Iphigenie, keine Farbenlehre und keinen Wilhelm Meister hinterlassen hätte, so wären wir dennoch über alle die Entwicklungen, die Inhalte und Bestrebungen, Arbeiten und Wandlungen seines langen Lebens unterrichtet, nur aus diesen Gedichten. Sie enthalten ihn ganz. Und seine Person ist die Einheit, von welcher die verwirrende Vielfalt dieser Gedichte zusammengehalten wird. Es ist die Person eines wandlungsfähigen, eines strebenden und neugierigen Mannes, neugierig auf Menschen, neugierig auf Länder und Sprachen, eines Reisenden und gelehrten Vielwissers, der aber auch Weltmann und ein Anbeter der Frauen ist, der manchmal zu einem bloßen Sammler zu entarten scheint und sich mit dem Registrieren und Zettelaufkleben begnügt. Die Subalternen unter seinen Erklärern haben zuweilen gerade diesen beflissenen Sammler Goethe besonders bewundert und gepriesen. Zu bewundern und zu preisen ist aber vielmehr, daß dieser zur Vielfalt und Zerstreuung neigende Geist immer wieder seine Genialität zurückgewinnt, daß der scheinbar leicht zu Verführende immer wieder aus der Buntheit in die Einfalt heimkehrt. Tausendmal hat er sich in die Spielereien des Geistes verloren, in die Schleier der Maja verliebt, tausendmal ist er zur Urmutter zurückgekehrt. Und jede solche Heimkehr des Weitgereisten erkennen wir an einem Aufflammen des mütterlichen Funkens, einem Aufblinken der naiven, zeugungsfrohen Sprachgenialität, mit welcher schon seine Mutter, die Frau Rat in Frankfurt, begabt war.

Diese sprachliche Schöpferkraft fließt in den Liebesgedichten des jungen Goethe, namentlich in denen der Straßburger Zeit, stark wie ein Gebirgswasser, später erlahmt und erblindet sie immer wieder in Gelehrsamkeit, in Spielerei, in endlosen Stilübungen, in Anstrengungen des Virtuosen, blitzt aber immer wieder neu und bezwingend auf – noch im spätesten Teil seiner Lyrik, in der Lyrik des Achtzigjährigen, finden wir zwischen vielen klugen und ehrwürdigen, aber sprachlich ungenialen Gedichten plötzlich ein so still leuchtendes, vereinsamtes Kleinod, wie das »Dämmrung senkte sich von oben«, in welchem, gedämpft, aber noch mit vertiefter Magie, alle Bildnerkraft des jungen Goethe wieder durchbricht. Einige Male, ein paar Dutzend Male, werden Genie und Virtuose, Natur und Erziehung, Instinkt und Bewußtsein eins, sie werden zur vollkommenen Meisterschaft, zu jener zweiten, höhern Unschuld und Naivität, die das bloße Naturgenie nicht hat.

In diesen Gedichten ist Goethe vollkommen, ist seine

Dichtung mehr als jedes andern deutschen Dichters klassisch.
Es ist nun mit dem Herauspflücken eines Blumenstraußes aus der Gartenfülle, mit dem Auswählen der Perlen aus diesen zahllosen Gedichten, eine eigene Sache. Nichts ist spannender und entzückender, als aus einem umfangreichen Schatz die edelsten, die fleckenlosesten und konzentriertesten Kleinode auszuwählen und nebeneinander zu legen. Daß Wahl auch Qual bringt, zeigt sich aber bei unendlich vielen Gedichten Goethes, welche als Ganzes unvollkommen, zuweilen sogar zweifellos minderwertig sind, aber einzelne zauberhafte Bilder enthalten. Hier entstehen unlösbare Probleme – Gott sei Dank sind sie unlösbar, denn sonst hätten wir längst eine klassische, einwandfreie Auswahl aus Goethes Gedichten, einen wunderbar edlen Garten zum Lustwandeln, aber nicht mehr den Urwald! nein, Gott sei Dank bleibt das grandiose Chaos der gesammelten Gedichte dem, der lang in ihrem Urwald gegangen ist, unendlich lieber als jede Auswahl, und keine Auswahl kann durch ihre Reinheit das ersetzen, was das Geheimnis des Urwaldes war.
Darum hat es mich nicht allzusehr beengt und gestört, es war mir sogar beinahe erleichternd, daß für diese Auswahl mir die Zahl von dreißig Gedichten von Anfang an vorgeschrieben war. Mit dieser Beschränkung war mir vom ersten Augenblick an vorgeschrieben, auf alles zu verzichten, was nicht im innersten Kreise von Goethes Lyrik liegt. So sind alle Lehrgedichte und alle erzählenden Gedichte, also die Balladen, so köstlich sie sind, weggelassen worden. Wollte man etwa die Gedichte Schillers mit diesem Maßstab messen, so bliebe fast gar nichts übrig.

Gern stelle ich mir diese Auswahl in den Händen von jungen Lesern vor, welche noch wenig oder nichts von Goethe wissen, welchen aus unserem Büchlein zum erstenmal dies Gestirn entgegenblickt. Denen, welche ohnehin für die Magie der Sprache empfänglich sind, wird damit ein Erlebnis von hohem Range zuteil. Andre, die des eigentlich dichterischen Genusses weniger fähig sind, wird doch der Anruf des großen Herzens treffen, denn Liebe, Hingabe, Ehrfurcht sind die Elemente von Goethes Dichtung. Und mancher junge Leser, den Goethes Wort heute überhaupt nicht erreicht, wird es doch noch einmal erleben: mit Hilfe der Musik. Denn beinahe alle diese Gedichte sind Lieder geworden und leben auch als Musik fort, alle echten Liederkomponisten haben Goethe geliebt und ihm Dank abgestattet, und in unsern Tagen ist Othmar Schoeck nicht weniger tief von Goethes Wort berührt worden und hat es nicht weniger innig seiner Kunst angeeignet als vor hundert Jahren Franz Schubert, und nach ihm Hugo Wolf.

Während Goethes Lebenszeit sind übrigens seine Gedichte, wie die Mehrzahl seiner Werke, nur in einem überaus kleinen Kreis von Lesern zu Wirkung und Ruhm gekommen. Zwar die Jugendgedichte gewannen, im Gefolge des »Werther«, viele Herzen, aber die Lyrik seiner spätern Jahrzehnte ist nicht ins Volk und nicht einmal zu vielen »Gebildeten« gedrungen. Vom »West-östlichen Divan« lag noch Jahrzehnte nach Goethes Tod der größere Teil der Erstauflage unverkauft und unverkäuflich beim Verleger, und niemals konnte Goethe so recht zum Liebling und Hausdichter seines Volkes werden.

Dafür haben seine Gedichte seither ein Jahrhundert siegreich überdauert, Fundgruben der Philologen und Biographen, Glanznummern aller Sänger und Sängerinnen, Wonne der Jünglinge und der Liebenden, Gegenstand ehrfürchtiger Meditation für die Weisesten seines Volkes. Sie werden noch lange dauern, kraft ihrer Herzenswärme und Aufrichtigkeit, und kraft ihrer Sprache. Für den Dichter ist Sprache nicht Funktion und Ausdrucksmittel, sondern heilige Substanz, wie es die Töne für den Musiker sind. Es sind daher gerade jene Schriftsteller, welche die Sprache nur als ein Lehr- und Propagandamittel gebrauchen und die rationalen Inhalte ihrer Zeit unter dem größten Beifall der Zeitgenossen formulierten, oft so rasch wieder vergessen worden. Auch in Goethes Gedichten steht viel Zeitbedingtes und Vergängliches, manches in ihnen ist bloß Rokoko, bloß Aufklärung, bloß Biedermeier, und wird uns allmählich fremd. Es bleibt aber eine Ernte von Gedichten übrig, die sich mit dem zunehmenden Altern immer mehr zu erschließen und auszuwirken scheinen, und von denen wir uns nicht vorzustellen vermögen, daß sie jemals untergehen und vergessen werden könnten.

Baden, Verenahof, im Dezember 1931

»DREISSIG GEDICHTE«

ausgewählt und eingeleitet von Hermann Hesse

WILLKOMMEN UND ABSCHIED

Es schlug mein Herz, geschwind zu Pferde!
Es war getan fast eh gedacht.
Der Abend wiegte schon die Erde,
Und an den Bergen hing die Nacht;
Schon stand im Nebelkleid die Eiche,
Ein aufgetürmter Riese, da,
Wo Finsternis aus dem Gesträuche
Mit hundert schwarzen Augen sah.

Der Mond von einem Wolkenhügel
Sah kläglich aus dem Duft hervor,
Die Winde schwangen leise Flügel,
Umsausten schauerlich mein Ohr;
Die Nacht schuf tausend Ungeheuer,
Doch frisch und fröhlich war mein Mut:
In meinen Adern welches Feuer!
In meinem Herzen welche Glut!

Dich sah ich, und die milde Freude
Floß von dem süßen Blick auf mich;
Ganz war mein Herz an deiner Seite
Und jeder Atemzug für dich.
Ein rosenfarbnes Frühlingswetter
Umgab das liebliche Gesicht,
Und Zärtlichkeit für mich – ihr Götter!
Ich hofft es, ich verdient es nicht!

Doch ach, schon mit der Morgensonne
Verengt der Abschied mir das Herz:
In deinen Küssen welche Wonne!
In deinem Auge welcher Schmerz!
Ich ging, du standst und sahst zur Erden
Und sahst mir nach mit nassem Blick:
Und doch, welch Glück, geliebt zu werden!
Und lieben, Götter, welch ein Glück!

MIT EINEM GEMALTEN BAND

Kleine Blumen, kleine Blätter
Streuen mir mit leichter Hand
Gute junge Frühlingsgötter
Tändelnd auf ein luftig Band.

Zephir, nimms auf deine Flügel,
Schlings um meiner Liebsten Kleid!
Und so tritt sie vor den Spiegel
All in ihrer Munterkeit.

Sieht mit Rosen sich umgeben,
Selbst wie eine Rose jung.
Einen Blick, geliebtes Leben!
Und ich bin belohnt genung.

Fühle, was dies Herz empfindet,
Reiche frei mir deine Hand,
Und das Band, das uns verbindet,
Sei kein schwaches Rosenband!

MAILIED

Wie herrlich leuchtet
Mir die Natur!
Wie glänzt die Sonne!
Wie lacht die Flur!

Es dringen Blüten
Aus jedem Zweig
Und tausend Stimmen
Aus dem Gesträuch,

Und Freud und Wonne
Aus jeder Brust.
O Erd, o Sonne!
O Glück, o Lust!

O Lieb, o Liebe!
So golden schön,
Wie Morgenwolken
Auf jenen Höhn!

Du segnest herrlich
Das frische Feld,
Im Blütendampfe
Die volle Welt.

O Mädchen, Mädchen,
Wie lieb ich dich!
Wie blickt dein Auge!
Wie liebst du mich!

So liebt die Lerche
Gesang und Luft,
Und Morgenblumen
Den Himmelsduft,

Wie ich dich liebe
Mit warmem Blut,
Die du mir Jugend
Und Freud und Mut

Zu neuen Liedern
Und Tänzen gibst.
Sei ewig glücklich,
Wie du mich liebst!

GANYMED

Wie im Morgenglanze
Du rings mich anglühst,
Frühling, Geliebter!
Mit tausendfacher Liebeswonne
Sich an mein Herz drängt
Deiner ewigen Wärme
Heilig Gefühl,
Unendliche Schöne!

Daß ich dich fassen möcht
In diesen Arm!

Ach, an deinem Busen
Lieg ich, schmachte,
Und deine Blumen, dein Gras
Drängen sich an mein Herz.
Du kühlst den brennenden
Durst meines Busens,
Lieblicher Morgenwind!
Ruft drein die Nachtigall
Liebend nach mir aus dem Nebeltal.

Ich komm, ich komme!
Wohin? Ach, wohin?

Hinauf! Hinauf strebts.
Es schweben die Wolken
Abwärts, die Wolken
Neigen sich der sehnenden Liebe.
Mir! Mir!
In euerm Schoße
Aufwärts!
Umfangend umfangen!
Aufwärts an deinen Busen,
Alliebender Vater!

PROMETHEUS

Bedecke deinen Himmel, Zeus,
Mit Wolkendunst
Und übe, dem Knaben gleich,
Der Disteln köpft,
An Eichen dich und Bergeshöhn;
Mußt mir meine Erde
Doch lassen stehn
Und meine Hütte, die du nicht gebaut,
Und meinen Herd,
Um dessen Glut
Du mich beneidest.

Ich kenne nichts Ärmeres
Unter der Sonn als euch, Götter!
Ihr nähret kümmerlich
Von Opfersteuern
Und Gebetshauch
Eure Majestät
Und darbtet, wären
Nicht Kinder und Bettler
Hoffnungsvolle Toren.

Da ich ein Kind war,
Nicht wußte, wo aus noch ein,
Kehrt ich mein verirrtes Auge
Zur Sonne, als wenn drüber wär
Ein Ohr, zu hören meine Klage,
Ein Herz wie meins,
Sich des Bedrängten zu erbarmen.

Wer half mir
Wider der Titanen Übermut?
Wer rettete vom Tode mich,
Von Sklaverei?
Hast du nicht alles selbst vollendet,
Heilig glühend Herz?
Und glühtest jung und gut,
Betrogen, Rettungsdank
Dem Schlafenden da droben?

Ich dich ehren? Wofür?
Hast du die Schmerzen gelindert
Je des Beladenen?
Hast du die Tränen gestillet
Je des Geängsteten?
Hat nicht mich zum Manne geschmiedet
Die allmächtige Zeit
Und das ewige Schicksal,
Meine Herrn und deine?

Wähntest du etwa,
Ich sollte das Leben hassen,
In Wüsten fliehen,
Weil nicht alle
Blütenträume reiften?

Hier sitz ich, forme Menschen
Nach meinem Bilde,
Ein Geschlecht, das mir gleich sei,
Zu leiden, zu weinen,
Zu genießen und zu freuen sich
Und dein nicht zu achten,
Wie ich!

AN BELINDEN

Warum ziehst du mich unwiderstehlich,
Ach, in jene Pracht?
War ich guter Junge nicht so selig
In der öden Nacht?

Heimlich in mein Zimmerchen verschlossen,
Lag im Mondenschein,
Ganz von seinem Schauerlicht umflossen,
Und ich dämmert ein;

Träumte da von vollen goldnen Stunden
Ungemischter Lust,
Hatte schon dein liebes Bild empfunden
Tief in meiner Brust.

Bin ichs noch, den du bei so viel Lichtern
An dem Spieltisch hältst?
Oft so unerträglichen Gesichtern
Gegenüberstellst?

Reizender ist mir des Frühlings Blüte
Nun nicht auf der Flur;
Wo du, Engel, bist, ist Lieb und Güte,
Wo du bist, Natur.

AUF DEM SEE

Entstanden am 15. Juni 1775 auf dem Zürichsee

Und frische Nahrung, neues Blut
Saug ich aus freier Welt;
Wie ist Natur so hold und gut,
Die mich am Busen hält!
Die Welle wieget unsern Kahn
Im Rudertakt hinauf,
Und Berge, wolkig himmelan,
Begegnen unserm Lauf.

Aug, mein Aug, was sinkst du nieder?
Goldne Träume, kommt ihr wieder?
Weg, du Traum! so gold du bist;
Hier auch Lieb und Leben ist.

Auf der Welle blinken
Tausend schwebende Sterne,
Weiche Nebel trinken
Rings die türmende Ferne;
Morgenwind umflügelt
Die beschattete Bucht,
Und im See bespiegelt
Sich die reifende Frucht.

HERBSTGEFÜHL

Fetter grüne, du Laub,
Am Rebengeländer
Hier mein Fenster herauf!
Gedrängter quellet,
Zwillingsbeeren, und reifet
Schneller und glänzend voller!
Euch brütet der Mutter Sonne
Scheideblick, euch umsäuselt
Des holden Himmels
Fruchtende Fülle;
Euch kühlet des Mondes
Freundlicher Zauberhauch,
Und euch betauen, ach!
Aus diesen Augen
Der ewig belebenden Liebe
Vollschwellende Tränen.

AN EIN GOLDNES HERZ, DAS ER AM HALSE TRUG

Angedenken du verklungner Freude,
Das ich immer noch am Halse trage,
Hältst du länger als das Seelenband uns beide?
Verlängerst du der Liebe kurze Tage?

Flieh ich, Lili, vor dir! Muß noch an deinem Bande
Durch fremde Lande,
Durch ferne Täler und Wälder wallen!
Ach, Lilis Herz konnte so bald nicht
Von meinem Herzen fallen.

Wie ein Vogel, der den Faden bricht
Und zum Walde kehrt,
Er schleppt des Gefängnisses Schmach,
Noch ein Stückchen des Fadens nach;
Er ist der alte freigeborne Vogel nicht,
Er hat schon jemand angehört.

WANDRERS NACHTLIED

Der du von dem Himmel bist,
Alles Leid und Schmerzen stillest,
Den, der doppelt elend ist,
Doppelt mit Erquickung füllest,
Ach, ich bin des Treibens müde!
Was soll all der Schmerz und Lust?
Süßer Friede,
Komm, ach komm in meine Brust!

AN CHARLOTTE VON STEIN

Warum gabst du uns die tiefen Blicke,
Unsre Zukunft ahnungsvoll zu schaun,
Unsrer Liebe, unserm Erdenglücke
Wähnend selig nimmer hinzutraun?
Warum gabst uns, Schicksal, die Gefühle,
Uns einander in das Herz zu sehn,
Um durch all die seltenen Gewühle
Unser wahr Verhältnis auszuspähn?

Ach, so viele tausend Menschen kennen,
Dumpf sich treibend, kaum ihr eigen Herz,
Schweben zwecklos hin und her und rennen
Hoffnungslos in unversehnem Schmerz;
Jauchzen wieder, wenn der schnellen Freuden
Unerwart'te Morgenröte tagt.
Nur uns armen Liebevollen beiden
Ist das wechselseitge Glück versagt,
Uns zu lieben, ohn uns zu verstehen,
In dem andern sehn, was er nie war,
Immer frisch auf Traumglück auszugehen
Und zu schwanken auch in Traumgefahr.

Glücklich, den ein leerer Traum beschäftigt,
Glücklich, dem die Ahnung eitel wär!
Jede Gegenwart und jeder Blick bekräftigt
Traum und Ahnung leider uns noch mehr.
Sag, was will das Schicksal uns bereiten?
Sag, wie band es uns so rein genau?
Ach, du warst in abgelebten Zeiten
Meine Schwester oder meine Frau.

Kanntest jeden Zug in meinem Wesen,
Spähtest, wie die reinste Nerve klingt,
Konntest mich mit einem Blicke lesen,
Den so schwer ein sterblich Aug durchdringt;
Tropftest Mäßigung dem heißen Blute,
Richtetest den wilden irren Lauf,
Und in deinen Engelsarmen ruhte
Die zerstörte Brust sich wieder auf;
Hieltest zauberleicht ihn angebunden
Und vergaukeltest ihm manchen Tag.
Welche Seligkeit glich jenen Wonnestunden,
Da er dankbar dir zu Füßen lag,
Fühlt' sein Herz an deinem Herzen schwellen,
Fühlte sich in deinem Auge gut,
Alle seine Sinnen sich erhellen
Und beruhigen sein brausend Blut!

Und von allem dem schwebt ein Erinnern
Nur noch um das ungewisse Herz,
Fühlt die alte Wahrheit ewig gleich im Innern,
Und der neue Zustand wird ihm Schmerz.
Und wir scheinen uns nur halb beseelet,
Dämmernd ist um uns der hellste Tag.
Glücklich, daß das Schicksal, das uns quälet,
Uns doch nicht verändern mag!

RASTLOSE LIEBE

Dem Schnee, dem Regen,
Dem Wind entgegen,
Im Dampf der Klüfte,
Durch Nebeldüfte,
Immer zu! Immer zu!
Ohne Rast und Ruh!

Lieber durch Leiden
Möcht ich mich schlagen,
Als so viel Freuden
Des Lebens ertragen.
Alle das Neigen
Von Herzen zu Herzen,
Ach, wie so eigen
Schaffet das Schmerzen!

Wie soll ich fliehen?
Wälderwärts ziehen?
Alles vergebens!
Krone des Lebens,
Glück ohne Ruh,
Liebe, bist du!

AN DEN MOND

Füllest wieder Busch und Tal
Still mit Nebelglanz,
Lösest endlich auch einmal
Meine Seele ganz,

Breitest über mein Gefild
Lindernd deinen Blick,
Wie des Freundes Auge mild
Über mein Geschick.

Jeden Nachklang fühlt mein Herz
Froh und trüber Zeit,
Wandle zwischen Freud und Schmerz
In der Einsamkeit.

Fließe, fließe, lieber Fluß!
Nimmer werd ich froh,
So verrauschte Scherz und Kuß,
Und die Treue so.

Ich besaß es doch einmal,
Was so köstlich ist!
Daß man doch zu seiner Qual
Nimmer es vergißt!

Rausche, Fluß, das Tal entlang,
Ohne Rast und Ruh,
Rausche, flüstre meinem Sang
Melodien zu,

Wenn du in der Winternacht
Wütend überschwillst,
Oder um die Frühlingspracht
Junger Knospen quillst.

Selig, wer sich vor der Welt
Ohne Haß verschließt,
Einen Freund am Busen hält
Und mit dem genießt,

Was, von Menschen nicht gewußt
Oder nicht bedacht,
Durch das Labyrinth der Brust
Wandelt in der Nacht.

»An den Mond«
Lithographie von Ernst Barlach, 1924

Das Wasser rauscht', das Wasser schwoll,
Ein Fischer saß daran,
Sah nach dem Angel ruhevoll,
Kühl bis ans Herz hinan.
Und wie er sitzt und wie er lauscht,
Teilt sich die Flut empor;
Aus dem bewegten Wasser rauscht
Ein feuchtes Weib hervor.

Sie sang zu ihm, sie sprach zu ihm:
Was lockst du meine Brut
Mit Menschenwitz und Menschenlist
Hinauf in Todesglut?
Ach, wüßtest du, wie's Fischlein ist
So wohlig auf dem Grund,
Du stiegst herunter, wie du bist,
Und würdest erst gesund.

Labt sich die liebe Sonne nicht,
Der Mond sich nicht im Meer?
Kehrt wellenatmend ihr Gesicht
Nicht doppelt schöner her?
Lockt dich der tiefe Himmel nicht,
Das feuchtverklärte Blau?
Lockt dich dein eigen Angesicht
Nicht her in ewgen Tau?

Das Wasser rauscht', das Wasser schwoll,
Netzt' ihm den nackten Fuß;
Sein Herz wuchs ihm so sehnsuchtsvoll,
Wie bei der Liebsten Gruß.
Sie sprach zu ihm, sie sang zu ihm;
Da wars um ihn geschehn:
Halb zog sie ihn, halb sank er hin
Und ward nicht mehr gesehn.

»Der Fischer«
Lithographie von Max Liebermann, 1924

GRENZEN DER MENSCHHEIT

Wenn der uralte
Heilige Vater
Mit gelassener Hand
Aus rollenden Wolken
Segnende Blitze
Über die Erde sät,
Küß ich den letzten
Saum seines Kleides,
Kindliche Schauer
Treu in der Brust.

Denn mit Göttern
Soll sich nicht messen
Irgend ein Mensch.
Hebt er sich aufwärts
Und berührt
Mit dem Scheitel die Sterne,
Nirgends haften dann
Die unsichern Sohlen,
Und mit ihm spielen
Wolken und Winde.

Steht er mit festen
Markigen Knochen
Auf der wohlgegründeten
Dauernden Erde,
Reicht er nicht auf,
Nur mit der Eiche
Oder der Rebe
Sich zu vergleichen.

Was unterscheidet
Götter von Menschen?
Daß viele Wellen
Vor jenen wandeln,
Ein ewiger Strom:
Uns hebt die Welle,
Verschlingt die Welle,
Und wir versinken.

Ein kleiner Ring
Begrenzt unser Leben,
Und viele Geschlechter
Reihen sich dauernd
An ihres Daseins
Unendliche Kette.

GESANG DER GEISTER ÜBER DEN WASSERN

Des Menschen Seele
Gleicht dem Wasser:
Vom Himmel kommt es,
Zum Himmel steigt es,
Und wieder nieder
Zur Erde muß es,
Ewig wechselnd.

Strömt von der hohen
Steilen Felswand
Der reine Strahl,
Dann stäubt er lieblich
In Wolkenwellen
Zum glatten Fels,
Und leicht empfangen
Wallt er verschleiernd,
Leisrauschend,
Zur Tiefe nieder.

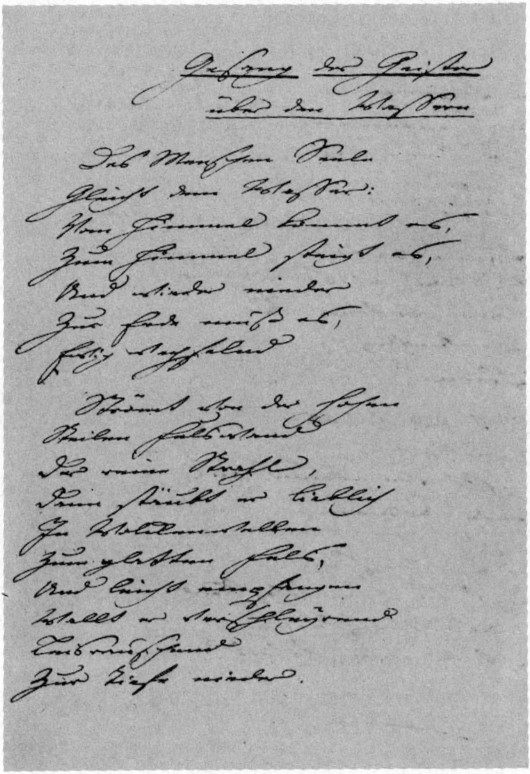
Gesang der Geister
über den Wassern

Des Menschen Seele
Gleicht dem Wasser:
Vom Himmel kommt es,
Zum Himmel steigt es,
Und wieder nieder
Zur Erde muß es,
Ewig wechselnd.

Strömt von der hohen
Steilen Felswand
Der reine Strahl,
Dann stäubt er lieblich
In Wolkenwellen
Zum glatten Fels,
Und leicht empfangen
Wallt er verschleiernd
Leisrauschend
Zur Tiefe nieder.

»Gesang der Geister über den Wassern«
Handschrift Goethes

Ragen Klippen
Dem Sturz entgegen,
Schäumt er unmutig
Stufenweise
Zum Abgrund.

Im flachen Bette
Schleicht er das Wiesental hin
Und in dem glatten See
Weiden ihr Antlitz
Alle Gestirne.

Wind ist der Welle
Lieblicher Buhler;
Wind mischt vom Grund aus
Schäumende Wogen.

Seele des Menschen,
Wie gleichst du dem Wasser!
Schicksal des Menschen,
Wie gleichst du dem Wind!

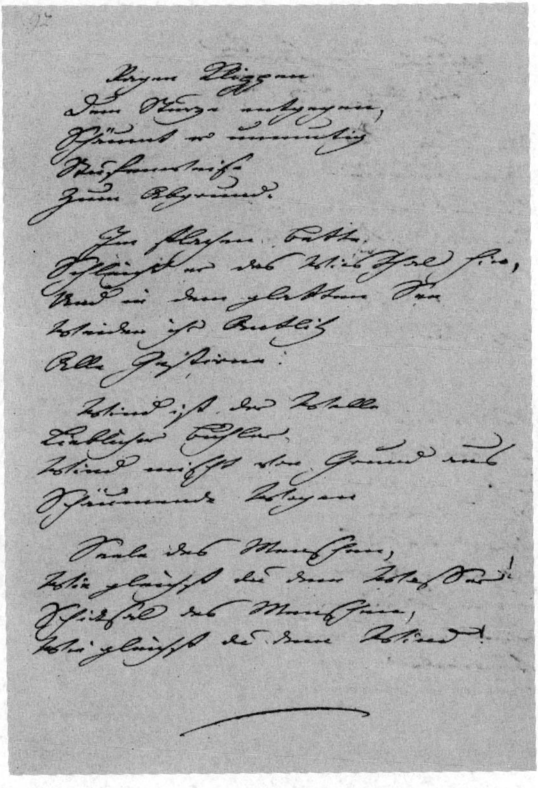
Ragen Klippen
Dem Sturze entgegen,
Schäumt er unmuthig
Stufenweise
Zum Abgrund.

Im flachen Bette
Schleicht er das Wiesenthal hin,
Und in dem glatten See
Weiden ihr Antlitz
Alle Gestirne.

Wind ist der Welle
Lieblicher Buhler,
Wind mischt vom Grund aus
Schäumende Wogen

Seele des Menschen,
Wie gleichst du dem Wasser!
Schicksal des Menschen,
Wie gleichst du dem Wind!

»Gesang der Geister über den Wassern«
Handschrift Goethes

WANDRERS NACHTLIED

Über allen Gipfeln
Ist Ruh,
In allen Wipfeln
Spürest du
Kaum einen Hauch;
Die Vögelein schweigen im Walde.
Warte nur, balde
Ruhest du auch.

HARFENSPIELER

Wer sich der Einsamkeit ergibt,
Ach! der ist bald allein;
Ein jeder lebt, ein jeder liebt
Und läßt ihn seiner Pein.
Ja! laßt mich meiner Qual!
Und kann ich nur einmal
Recht einsam sein,
Dann bin ich nicht allein.

Es schleicht ein Liebender lauschend sacht,
Ob seine Freundin allein?
So überschleicht bei Tag und Nacht
Mich Einsamen die Pein,
Mich Einsamen die Qual.
Ach, werd ich erst einmal
Einsam im Grabe sein,
Da läßt sie mich allein!

DER SÄNGER

Was hör ich draußen vor dem Tor,
Was auf der Brücke schallen?
Laß den Gesang vor unserm Ohr
Im Saale widerhallen!
Der König sprachs, der Page lief;
Der Knabe kam, der König rief:
Laßt mir herein den Alten!

Gegrüßet seid mir, edle Herrn,
Gegrüßt ihr, schöne Damen!
Welch reicher Himmel! Stern bei Stern
Wer kennet ihre Namen?
Im Saal voll Pracht und Herrlichkeit
Schließt, Augen, euch, hier ist nicht Zeit,
Sich staunend zu ergetzen.

Der Sänger drückt' die Augen ein
Und schlug in vollen Tönen;
Die Ritter schauten mutig drein,
Und in den Schoß die Schönen.
Der König, dem das Lied gefiel,
Ließ, ihn zu ehren für sein Spiel,
Eine goldne Kette holen.

Die goldne Kette gib mir nicht,
Die Kette gib den Rittern,
Vor deren kühnem Angesicht
Der Feinde Lanzen splittern;
Gib sie dem Kanzler, den du hast,
Und laß ihn noch die goldne Last
Zu andern Lasten tragen.

Ich singe, wie der Vogel singt,
Der in den Zweigen wohnet;
Das Lied, das aus der Kehle dringt,
Ist Lohn, der reichlich lohnet.
Doch darf ich bitten, bitt ich eins:
Laß mir den besten Becher Weins
In purem Golde reichen.

Er setzt' ihn an, er trank ihn aus:
O Trank voll süßer Labe!
O wohl dem hochbeglückten Haus,
Wo das ist kleine Gabe!
Ergehts euch wohl, so denkt an mich,
Und danket Gott so warm, als ich
Für diesen Trunk euch danke.

HARFENSPIELER

Wer nie sein Brot mit Tränen aß,
Wer nie die kummervollen Nächte
Auf seinem Bette weinend saß,
Der kennt euch nicht, ihr himmlischen Mächte.

Ihr führt ins Leben uns hinein,
Ihr laßt den Armen schuldig werden,
Dann überlaßt ihr ihn der Pein:
Denn alle Schuld rächt sich auf Erden.

»Harfenspieler«
Lithographie von Ernst Barlach, 1924

DAS GÖTTLICHE

Edel sei der Mensch,
Hilfreich und gut!
Denn das allein
Unterscheidet ihn
Von allen Wesen,
Die wir kennen.

Heil den unbekannten
Höhern Wesen,
Die wir ahnen!
Ihnen gleiche der Mensch;
Sein Beispiel lehr uns
Jene glauben.

Denn unfühlend
Ist die Natur:
Es leuchtet die Sonne
Über Bös' und Gute,
Und dem Verbrecher
Glänzen wie dem Besten
Der Mond und die Sterne.

Wind und Ströme,
Donner und Hagel
Rauschen ihren Weg
Und ergreifen
Vorübereilend
Einen um den andern.

Auch so das Glück
Tappt unter die Menge,
Faßt bald des Knaben
Lockige Unschuld,
Bald auch den kahlen
Schuldigen Scheitel.

Nach ewigen, ehrnen,
Großen Gesetzen
Müssen wir alle
Unseres Daseins
Kreise vollenden.

Nur allein der Mensch
Vermag das Unmögliche:
Er unterscheidet,
Wählet und richtet;
Er kann dem Augenblick
Dauer verleihen.

Er allein darf
Den Guten lohnen,
Den Bösen strafen,
Heilen und retten,
Alles Irrende, Schweifende
Nützlich verbinden.

Und wir verehren
Die Unsterblichen,
Als wären sie Menschen,
Täten im großen,

Was der Beste im kleinen
Tut oder möchte.

Der edle Mensch
Sei hilfreich und gut!
Unermüdet schaff er
Das Nützliche, Rechte,
Sei uns ein Vorbild
Jener geahneten Wesen!

Kennst du das Land, wo die Zitronen blühn,
Im dunkeln Laub die Goldorangen glühn,
Ein sanfter Wind vom blauen Himmel weht,
Die Myrte still und hoch der Lorbeer steht,
Kennst du es wohl? – Dahin! Dahin
  Möcht ich mit dir, o mein Geliebter, ziehn.

Kennst du das Haus? Auf Säulen ruht sein Dach,
Es glänzt der Saal, es schimmert das Gemach,
Und Marmorbilder stehn und sehn mich an:
Was hat man dir, du armes Kind, getan?
Kennst du es wohl? – Dahin! Dahin
  Möcht ich mit dir, o mein Beschützer, ziehn.

Kennst du den Berg und seinen Wolkensteg?
Das Maultier sucht im Nebel seinen Weg;
In Höhlen wohnt der Drachen alte Brut;
Es stürzt der Fels und über ihn die Flut,
Kennst du ihn wohl? – Dahin! Dahin
  Geht unser Weg! o Vater, laß uns ziehn!

SCHÄFERS KLAGELIED

Da droben auf jenem Berge,
Da steh ich tausendmal,
An meinem Stabe gebogen,
Und schaue hinab in das Tal.

Dann folg ich der weidenden Herde,
Mein Hündchen bewahret mir sie.
Ich bin heruntergekommen
Und weiß doch selber nicht wie.

Da stehet von schönen Blumen
Die ganze Wiese so voll.
Ich breche sie, ohne zu wissen,
Wem ich sie geben soll.

Und Regen, Sturm und Gewitter
Verpaß ich unter dem Baum.
Die Türe dort bleibet verschlossen;
Denn alles ist leider ein Traum.

Es stehet ein Regenbogen
Wohl über jenem Haus!
Sie aber ist weggezogen
Und weit in das Land hinaus.

Hinaus in das Land und weiter,
Vielleicht gar über die See.
Vorüber, ihr Schafe, vorüber!
Dem Schäfer ist gar so weh.

TROST IN TRÄNEN

Wie kommts, daß du so traurig bist,
Da alles froh erscheint?
Man sieht dirs an den Augen an,
Gewiß, du hast geweint.

»Und hab ich einsam auch geweint,
So ists mein eigner Schmerz,
Und Tränen fließen gar so süß,
Erleichtern mir das Herz.«

Die frohen Freunde laden dich:
O komm an unsre Brust!
Und was du auch verloren hast,
Vertraue den Verlust.

»Ihr lärmt und rauscht und ahnet nicht,
Was mich, den Armen, quält.
Ach nein, verloren hab' ichs nicht,
So sehr es mir auch fehlt.«

So raffe denn dich eilig auf,
Du bist ein junges Blut.
In deinen Jahren hat man Kraft
Und zum Erwerben Mut.

»Ach nein, erwerben kann ichs nicht,
Es steht mir gar zu fern.
Es weilt so hoch, es blinkt so schön,
Wie droben jener Stern.«

Die Sterne, die begehrt man nicht,
Man freut sich ihrer Pracht,
Und mit Entzücken blickt man auf
In jeder heitern Nacht.

»Und mit Entzücken blick ich auf
So manchen lieben Tag;
Verweinen laßt die Nächte mich,
Solang ich weinen mag.«

Ros und Lilie morgentaulich
Blüht im Garten meiner Nähe;
Hintenan, bebuscht und traulich,
Steigt der Felsen in die Höhe;
Und mit hohem Wald umzogen
Und mit Ritterschloß gekrönet,
Lenkt sich hin des Gipfels Bogen,
Bis er sich dem Tal versöhnet.

Und da duftets wie vor alters,
Da wir noch von Liebe litten
Und die Saiten meines Psalters
Mit dem Morgenstrahl sich stritten;
Wo das Jagdlied aus den Büschen
Fülle runden Tons enthauchte,
Anzufeuern, zu erfrischen,
Wies der Busen wollt und brauchte.

Nun die Wälder ewig sprossen,
So ermutigt euch mit diesen;
Was ihr sonst für euch genossen,
Läßt in andern sich genießen.
Niemand wird uns dann beschreien,
Daß wirs uns alleine gönnen;
Nun in allen Lebensreihen
Müsset ihr genießen können.

Und mit diesem Lied und Wendung
Sind wir wieder bei Hafisen;
Denn es ziemt, des Tags Vollendung
Mit Genießern zu genießen.

SELIGE SEHNSUCHT

Sagt es niemand, nur den Weisen,
Weil die Menge gleich verhöhnet:
Das Lebendge will ich preisen,
Das nach Flammentod sich sehnet.

In der Liebesnächte Kühlung,
Die dich zeugte, wo du zeugtest,
Überfällt dich fremde Fühlung,
Wenn die stille Kerze leuchtet.

Nicht mehr bleibest du umfangen
In der Finsternis Beschattung,
Und dich reißet neu Verlangen
Auf zu höherer Begattung.

Keine Ferne macht dich schwierig,
Kommst geflogen und gebannt,
Und zuletzt, des Lichts begierig,
Bist du, Schmetterling, verbrannt.

Und solang du das nicht hast,
Dieses: Stirb und werde!
Bist du nur ein trüber Gast
Auf der dunklen Erde.

NACHKLANG

Es klingt so prächtig, wenn der Dichter
Der Sonne bald, dem Kaiser sich vergleicht;
Doch er verbirgt die traurigen Gesichter,
Wenn er in düstern Nächten schleicht.

Von Wolken streifenhaft befangen,
Versank zu Nacht des Himmels reinstes Blau;
Vermagert bleich sind meine Wangen
Und meine Herzenstränen grau.

Laß mich nicht so der Nacht, dem Schmerze,
Du Allerliebstes, du mein Mondgesicht!
O du mein Phosphor, meine Kerze,
Du meine Sonne, du mein Licht.

PARABASE

Freudig war, vor vielen Jahren,
Eifrig so der Geist bestrebt,
Zu erforschen, zu erfahren,
Wie Natur im Schaffen lebt.
Und es ist das ewig Eine,
Das sich vielfach offenbart:
Klein das Große, groß das Kleine,
Alles nach der eignen Art;
Immer wechselnd, fest sich haltend,
Nah und fern und fern und nah,
So gestaltend, umgestaltend –
Zum Erstaunen bin ich da.

WENN IM UNENDLICHEN

Wenn im Unendlichen dasselbe
Sich wiederholend ewig fließt,
Das tausendfältige Gewölbe
Sich kräftig ineinander schließt,
Strömt Lebenslust aus allen Dingen,
Dem kleinsten wie dem größten Stern,
Und alles Drängen, alles Ringen
Ist ewige Ruh in Gott dem Herrn.

DÄMMRUNG

Dämmrung senkte sich von oben,
Schon ist alle Nähe fern;
Doch zuerst emporgehoben
Holden Lichts der Abendstern!
Alles schwankt ins Ungewisse,
Nebel schleichen in die Höh;
Schwarzvertiefte Finsternisse
Widerspiegelnd, ruht der See.

Nun im östlichen Bereiche
Ahn ich Mondenglanz und -glut,
Schlanker Weiden Haargezweige
Scherzen auf der nächsten Flut.
Durch bewegter Schatten Spiele
Zittert Lunas Zauberschein,
Und durchs Auge schleicht die Kühle
Sänftigend ins Herz hinein.

Das achtzehnte Jahrhundert ist die letzte große Kulturepoche Europas gewesen. Sie hat in den bildenden Künsten, vor allem in der Baukunst, Geringeres geleistet als frühere große Zeiten; desto größer ist ihre literarische Bedeutung, und in ihrer internationalen, ganz Europa umfassenden Geistigkeit hat sie eine Macht und Weite er-

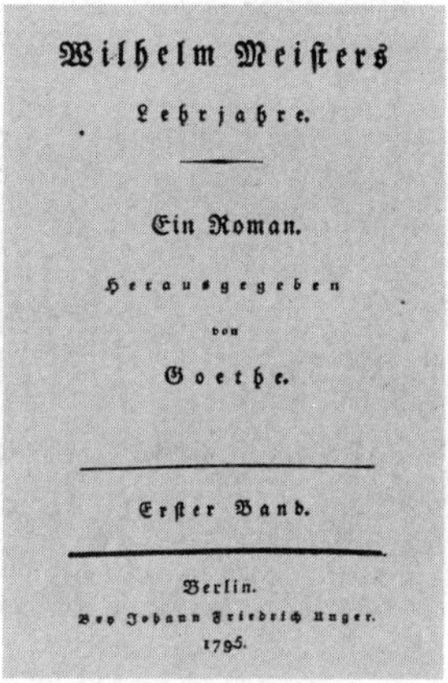
Wilhelm Meisters
Lehrjahre.

Ein Roman.
Herausgegeben
von
Goethe.

Erster Band.

Berlin.
Bey Johann Friedrich Unger.
1795.

reicht, von deren Glanz und Andenken wir als ärmere Enkel noch immer zehren.

Eine edle, großzügige Form von Humanismus, eine unbedingte Ehrfurcht vor der menschlichen Natur und ein idealer Glaube an die Größe und Zukunft menschlicher Kultur spricht aus allen Zeugnissen jener Zeit, auch aus denen der Satiriker und Spötter. Der Mensch ist an die Stelle der Götter gerückt, die Würde des Menschentums ist die Krone der Welt und das Fundament jedes Glaubens geworden. Diese neue Religion, deren revolutionäre Anfänge in England und Frankreich liegen, deren tiefster Prophet Kant und deren letzte Blüte Weimar gewesen ist, dieser ideale Humanismus ist die Grundlage einer unsäglich reichen Kultur gewesen, die uns Enkel schon mit dem Zauberglanz des Unbegreiflichen blendet und gegen deren mahnende Übermacht wir uns nicht selten durch Spott zu wehren suchen, indem wir die dekorative Außenseite jenes Geistes als hohl und spielerisch zu erkennen meinen. Wir lächeln über die beschnittenen Gartenhek-

ken, über die geschweiften chinesischen Dächer und schnörkelhaft launigen Porzellanfiguren jenes Jahrhunderts, obwohl weder unsere Gärten noch Häuser seither irgend besser oder schöner geworden sind, und wir reden gerne immer nur von der Perücke jener steifen Zeit, die durch die Pariser Revolution, durch die Räuber und den Werther besiegt und in ihrer hohlen Lächerlichkeit aufgedeckt worden sei.

In Wahrheit sollten wir jener Zeit und ihres Geistes nur mit beschämender Ehrfurcht denken. Es war nicht die

Zeit der galanten Romane und der Nippsachen, das ist Außenseite, es war auch nicht die Zeit des unterdrückten Bürgertums und der Untertanenverkäufe, oder die Zeit des Puders und Zopfes. Das alles kann für jene Tage nicht so wesentlich gewesen sein, wie manche Kulturhistoriker und die Autoren historischer Romane uns glauben machen wollen; denn dies alles, das übrigens auch so schon eine recht ansehnliche und einheitliche Außenkultur darstellt, wird unendlich klein und versinkt fast völlig, sobald wir heute mit Ernst den Blick auf jene Epoche richten. Wir tun unrecht, wenn wir die Inferiorität des achtzehnten Jahrhunderts aus seiner äußeren Kultur zu beweisen suchen. Wir sollten lieber jenes Vorurteil aufgeben, welches in Schiller, Goethe und Herder nicht Erben und Vollender, sondern Revolutionäre und Stürmer sieht. Sonst wäre Schillers Bedeutung in den Räubern, Goethes im Werther erschöpft, und Schubart oder Lenz müßten so hoch wie jene stehen.

Dieses Vorurteil ist zum Teil eine Frucht der Romantik, zum Teil auch aus dem Patriotismus der Befreiungskriege geboren, und es wäre gut, wenn es bald vollends verschwände. Wenn wir ohne Vorurteil die Perücke des achtzehnten Jahrhunderts lüften, um zu sehen, was unter der Maske steckt, so finden wir, Name an Name und Werk an Werk, einen kulturellen Reichtum und eine kaum übersehbare Ehrentafel des höchsten Menschentums ausgebreitet, vor der wir beschämt verstummen. Auf allen Gebieten des Geistes, in allen Wissenschaften und Künsten sehen wir eine hohe Blüte bestehen, und nicht etwa nur eine zufällige glückliche Häufung von einzelnen Begabungen, sondern eine Höhe des Durchschnitts, welche eben das Zeichen allgemeiner Kulturhöhe ist und überall nach demselben Zentrum gerichtet erscheint. Philosophen und Naturforscher, Dichter und Artikelschreiber, Politiker und Redner zeigen nicht nur eine allgemeine Höhe der Bildung und eine schöne formale Tradition, sondern sie haben alle das gemeinsam, daß sie – unserer Zeit der Spezialistenarbeit genau entgegengesetzt – stets

Mozart
Portrait von Thaddäus Helbing, um 1767

vom Kleinen und Einzelnen nach dem Ganzen zielen und mit instinktivem Triebe nach einer einzigen, universalen Sonne gerichtet sind, nämlich eben nach jenem menschheitlichen Ideal. Und welche wunderbare Fülle von Begabung, von Arbeit, von Können, von Zusammenhalt und Einigkeitsgefühl! Welche Schar von großen, würdigen Menschen, deren beinahe jeder uns wie eine Verkörperung jenes Ideals erscheint! Nein, das achtzehnte Jahrhundert ist nicht der parfümierte Liebeswinkel oder der putzige Eitelkeitsmarkt, es ist vielmehr ein Pantheon, vor dem wir voll Dankbarkeit und höchster Ehrfurcht stehen sollten. Da ist die feine, kluge, gebändigte, bis zur Transparenz durchgefeilte Literatur der Voltaire und Diderot, deren gelegentliche Frivolität beinahe das Ideal noch höher erscheinen läßt, dem auch sie am Ende dienen mußten und mit Pathos dienten. Da ist die Schar der englischen Literaten, der Schöpfer des modernen Romans und der modernen Psychologie, vom moralischen Addison bis zum bissigen Satiriker Swift, eine Literatur voll Gescheitheit und helläugiger Wachsamkeit, jenen Franzosen verwandt durch dasselbe Streben, den Menschen zu erforschen und sein Bild zu vervollkommnen. Da ist der einsame Kant, der die Gesetze des menschlichen Denkens erforscht und wiederum, bei all seiner Bescheidenheit, den Menschen doch als König vor ungeheure Pflichten und Perspektiven stellt. Da ist Mozart, der sich den Teufel um Philosophie bekümmert und doch, gleichzeitig, in der Zauberflöte einen Tempel der Menschlichkeit aufbaut, höher und reiner und himmlischer als jeder andere. Da ist Friedrich von Preußen, der neben seinen Kriegen her damit beschäftigt ist, den entthronten Gott der Frommen in der Brust des Menschen durch den Glauben an die eigene Bestimmung zu ersetzen, der gewissenhafteste Skeptiker, der Freund Voltaires und Erbauer von Sanssouci. Da ist Lessing, der mit der ehrlichsten und saubersten Fechtkunst von der Welt die unwissenschaftliche Theologie erledigt und die deutsche Sprache unerschrocken auf das gefährliche Parkett der französischen Geistigkeit führt. Da ist Schiller, der die Wildheit seiner genialen Jugend unter edel verheimlichten Schmerzen zum reinsten und liebenswertesten Idealismus kristallisiert, und endlich Goethe, der geborene Erbe und begünstigte Sohn dieser ganzen mächtigen Kultur, die er übernimmt und beherrscht und in seinem vorbildlichen Leben ohne Bruch und Krampf bis zu erstaunlichsten Modernität verwandelt und fortgebildet hat.

Lessing
Portrait von Anton Graff, 1771

Aus dieser Zeit und Kultur, welche unter andrem auch den modernen Roman geschaffen hat, sind zwei große, vorbildliche, geniale Romane auf uns gekommen, denen die Ewigkeit gesichert ist: der Robinson Crusoe und der Wilhelm Meister. Der Robinson, im ersten Viertel des achtzehnten Jahrhunderts entstanden und erschienen, stellt den Menschen dar, welcher nackt und arm der feindlichen Natur gegenübersteht und aus seinen Fähigkeiten sich Unterhalt und Sicherheit, sich die Grundlagen einer Zivilisation zu schaffen hat. Der Wilhelm Meister, in den letzten Jahren desselben Jahrhunderts erschienen, erzählt von dem Manne, den gute bürgerliche Abkunft und Erziehung, Vermögen und Charakter durchaus zu einem in seiner mäßigen Zivilisation wohlzufriedenen Bürger eignen würden, welcher aber, von einer göttlichen Sehnsucht getrieben, hinter Sternen und Irrsternen her einem Verlangen nach höherem Leben, reinerer Geistigkeit, tieferem und reiferem Menschentum folgen muß. Zwischen diesen beiden Büchern liegt das achtzehnte Jahrhundert, und aus beiden weht uns dieselbe reine Luft einer lebendigen Idealität entgegen, bei dem Engländer englischer, aparter, naiver und beschränkter, bei Goethe freier, mächtiger, poetischer.

Wie Goethes Roman der Erbe und glückliche Nachfolger einer reichen, guten Tradition und Kultur gewesen ist, so wurde er, mehr als irgendein anderer deutscher Roman, zum Vorbild, Erwecker und Anreger für eine ganze nachfolgende Literatur, ohne bis zur Stunde übertroffen, ja erreicht worden zu sein. Kaum waren Wilhelm Meisters Lehrjahre zum erstenmal erschienen, so wurde das erstaunliche Buch, das zum erstenmal Poesie und Prosa, Schilderung und Empfindung so innig und köstlich verband, zum Evangelium einer jungen Generation. Im Meister war ein Kunstwerk geschaffen, das durchaus aus einer lyrisch-poetischen Begabung floß und dennoch dem Ganzen der Welt eine Teilnahme, Treue und objektive Darstellungskunst entgegenbrachte, wie man sie noch nicht gekannt hatte, alle Dichtungsarten schienen hier zusam-

menzuspielen und einen wundersamen Mikrokosmos erbaut zu haben, ein ideales Spiegelbild der Welt.
Begeistert und bis zur Hingerissenheit entzückt haben die damaligen Jungen dieses mächtige Werk studiert und wieder studiert, für den jungen Novalis wurde es geradezu zum Schicksal von Jahren. Auf den Schultern des Wilhelm Meister steht der Ofterdingen, steht Jean Pauls Titan, steht Tiecks Sternbald und Brentanos Godwi, bis zum Maler Nolten und dem Grünen Heinrich hin ist es Vorbild und Ideal geblieben, hundertmal nachgeahmt, studiert, umgefühlt, nie wieder erreicht, und bis in die Zeit der Epigonen hat es diese Macht und Würde behalten; so scheint uns zum Beispiel der berühmte Roman Soll und Haben noch ganz und gar im Banne dieses großen Musters entstanden zu sein.
Erst der Naturalismus im letzten Drittel des neunzehnten Jahrhunderts hat den Wilhelm Meister als Vorbild verlassen und entthront. Neue geistige Zusammenhänge, neue geschichtliche Bildungen waren erschienen, aus jungen fremdländischen Literaturen, vor allem aus der russischen, war neuer Rohstoff herangewachsen. An die Stelle des sogenannten Bildungsromans, deren größter der Meister blieb, trat der psychologische und der soziale Roman. Der Mensch war von der animalischen und geschichtlichen Seite her neu beleuchtet, er war wieder ein Rätsel und Problem geworden, er mußte neu erobert werden. Während den ernsthaften Dichtern im Kampf um neue Werte Großes und Wertvolles gelang, sank andrerseits der Roman, als niedere Unterhaltungsliteratur, in seinen Ansprüchen tief herab und wurde zur Lieblingsform der Spekulanten sowohl wie der Dilettanten.

Wenn nun ein durchschnittlich gebildeter Leser von heute, der von den wertvollen Romanen der vormodernen Zeit höchstens noch den Grünen Heinrich kennt, sich über die Kunstform des Romans und über die geistige Höhe, aus welcher einst das Bedürfnis nach dieser Form entstand, unterrichten will, so gibt es dazu keinen anderen Weg als über den Wilhelm Meister.

Die »Lehrjahre« haben eine lange Entstehungsgeschichte. Schon zwei oder höchstens drei Jahre nach dem Fertigwerden des »Werther« hat Goethe die Arbeit an diesem Roman begonnen. Das Werk hieß in jener ersten Fassung »Wilhelm Meisters theatralische Sendung« und war verloren und verschollen, bis ein glücklicher Zufall vor wenigen Jahren eine Zürcher Abschrift der ersten sechs Bücher dieses sogenannten »Urmeister« wieder zutage brachte.

Die endgültige Form, in welcher die Lehrjahre seit ihrem ersten Erscheinen im Buchhandel bestehen, ist manche Jahre später entstanden als jene »theatralische Sendung«. Die »Wanderjahre« sodann, die nur notdürftig vollendete Fortführung des Romans, sind wiederum Jahrzehnte später fertig gearbeitet worden, und alles in allem hat Goethe sich mit der Arbeit am Wilhelm Meister, der schließlich doch ein gewaltiger Torso blieb, mehr als fünfzig Jahre geschleppt! Man kann an diesem Werke, noch mehr und deutlicher als am Faust, die Phasen und Schichtungen dieses überreichen Dichterlebens studieren, wie ein Naturkundiger in einer Moränenlandschaft die Schiebungen und Veränderungen der Erdgeschichte abliest. Der ganze Goethe ist in diesem wunderlichen Werke gespiegelt: Feuergeist und stürmende Wildheit der Werthertage weht

verglühend darin nach, Früchte der Freundschaft mit Schiller, Spuren der italienischen Einflüsse stellen sich dar, die ganze Atmosphäre der besten Weimarer Jahre atmet voll und klar herein, und schließlich geistert in den »Wanderjahren« die fast mythisch gewordene Gestalt des greisen Goethe, geheimnisvoll in tempelhafter Größe und Feierlichkeit.
Die »Lehrjahre« nun, mit denen wir es hier einzig zu tun haben, sind zum erstenmal in den Jahren 1795 und 1796 im Buchhandel erschienen; sie sind es, deren Lektüre die besten Geister jener Zeit so tief erregte, an denen Novalis sich labte und an denen er litt wie an einem Schicksal, über welche Schiller eine Reihe seiner schönsten Briefe an Goethe geschrieben hat.
Ein Vergleich der früheren Fassung mit der zweiten, ein Vergleich der »theatralischen Sendung« also mit den »Lehrjahren«, ist so lockend und so unmöglich wie ein Vergleich des jüngeren Goethe mit dem älteren überhaupt. Dort ein Werk von kühnem, klarem Wurf und Willen, einheitlicher als der spätere Meister, im Detail voll blühender Kraft und Laune, sprühend und überquellend – hier ein stilleres, kühleres, gezwungeneres Buch, in manchen Kapiteln ärmer an Anschaulichkeit und momentaner Genialität, im ganzen aber so erschreckend hoch und weit gewachsen, so universell und über das Persönliche hinausgerückt, daß jede weitere Vergleichung hinfällig wird. Die »theatralische Sendung« ist ein herrlicher Schatz, an dem wir uns nicht genug freuen können; aber wir müssen sie als Fragment genießen, als ein wundervolles Dokument jener Jahre der verglühenden Jugendlichkeit und beginnenden Reife, und wir dürfen uns das Bild des Wilhelm

Meister, wie Goethe selbst ihn ausgearbeitet und herausgegeben hat, durch den Vergleich mit dieser früheren Arbeit nicht ins Schwanken bringen lassen. Daß Goethe nun gar, wie einige Schwärmer meinen, jene erste Fassung hätte stehenlassen und unverändert den »Lehrjahren« hätte zugrundelegen sollen, ist eine törichte und indiskutable Forderung. Wir lernen durch die Lektüre der Zürcher Handschrift Goethes Arbeitsweise besser kennen und sehen ihn, indem er viele kleine Reize und Schönheiten opfert, die Jugendarbeit mit der Unerbittlichkeit des großen Meisters überwinden. Der Grundgedanke des Wilhelm Meister und die einzige zweifellose Einheit in diesem Werk ist Goethes großer Lebensgedanke selbst. An ihm hat der junge Goethe teil, aber er ist in ihm nicht vollendet. Die »Lehrjahre« sind denn also nicht etwa die Ausarbeitung eines früher liegengebliebenen Jugendwerkes, sondern sie sind, gleich dem Faust und gleich »Dichtung und Wahrheit«, ein ungeheurer Versuch des Dichters, Jahrzehnte eines fabelhaft vielfältigen und tätigen Lebens dichterisch zu kristallisieren. Es ist im Wilhelm Meister das Höchste, das Unmögliche versucht, das macht ihn zum Vorbild für die größten Romane eines halben Jahrhunderts, und das trennt ihn von den Gebilden einer bescheideneren Generation, deren beste den »Meister« an scheinbarer Form übertreffen, deren keines ihm an Größe und innerer Fülle nur verglichen werden kann.
Von den Zeitgenossen hat keiner die Entstehung der »Lehrjahre« so liebevoll und zugleich so kritisch verfolgt wie Schiller. In keinem seiner Werke war Goethe so weit von ihm entfernt wie im Wilhelm Meister, keines brach so persönlich und neu aus den von ihnen beiden erkannten

und viel diskutierten Formgesetzen heraus, und doch enthielt und entwickelte keines, außer dem Faust, das ihnen beiden gemeinsame Kulturideal vollkommener und bewußter. Schiller hat in mehreren Briefen den Wilhelm Meister scharf kritisiert, und einmal spricht er dem Roman überhaupt den Wert einer echten Kunstform ab, er nennt ihn unpoetisch, da er vor allem nur den Verstand zu

Schiller in Karlsbad
Tuschzeichnung von R. J. Reinhart

befriedigen suche, und er konstatierte nicht ohne Unbehagen ein »sonderbares Schwanken zwischen einer prosaischen und poetischen Stimmung« im Wilhelm Meister. Er vergleicht ihn mit Hermann und Dorothea, und sagt »– und doch führt mich der Hermann (und zwar bloß durch seine rein poetische Form) in eine göttliche Dichterwelt, da mich der Meister aus der wirklichen Welt nicht ganz herausläßt«. Dann findet er »zuviel von der Tragödie« im Meister, und endet mit den Worten: »Kurz, mir däucht, Sie hätten sich hier eines Mittels bedient, zu dem der Geist des Werkes Sie nicht befugte.«

Aber trotz alledem schließt der strenge Schiller gerade diesen selben kritischen Brief, beinahe wider seinen Willen doch bezwungen, mit der Anerkennung: »Übrigens kann ich Ihnen nicht genug sagen, wie mich der Meister auch bei diesem neuen Lesen bereichert, belebt, entzückt hat – es fließt mir darin eine Quelle, wo ich für jede Kraft der Seele und für diejenige besonders, welche die vereinigte Wirkung von allen ist, Nahrung schöpfen kann.«

Wenn das die Schlußmeinung Schillers ist, wenn er, der unerbittliche Ästhetiker und Verehrer der reinen Formen, über alle Bedenken und Anstöße hinweg sich zu solcher Liebe und Dankbarkeit gegen den Wilhelm Meister bekennt, so haben wir Heutige vollends keine Gründe, uns solcher Liebe und Dankbarkeit zu entziehen. Wir sind, was das Ästhetische betrifft, wenig mehr verwöhnt, und wenn wir irgendwo Grund haben, Schillers Ästhetik zu verlassen, so ist es diesem Roman gegenüber, den wir als Versuch, als grandioses Stückwerk empfinden mögen, der aber, auch als Form, der deutschen Dichtung neue, überaus fruchtbare Wege gewiesen hat.

Vielleicht ist Goethe gar kein unbedingter Meister der Erzählung in Prosa gewesen. Es scheint, daß ihm jedesmal, sobald er die strengeren poetischen Formen verließ und sich frei im ungebundenen Wort bewegte, die Fülle der Welt und seines Inneren so überwältigend entgegenströmte, daß er von Anfang an das Unmögliche einer rein artistisch begrenzten Darstellung erkannte oder fühlte und sich beschied, als Erzähler dem Menschlichen in allen Formen nachzugehen, wobei er ziemlich skrupellos die Form des Gesprächs, des Briefes, der Tagebücher, auch häufig die der direkten Belehrung, je nach Bedürfnis verwendete. Auch sein formal vollkommenstes Prosawerk, die Wahlverwandtschaften, ist nicht von diesen technischen Mängeln oder Sorglosigkeiten frei. Auf Seiten einer reinen, anschaulichen, sinnlich gegenwärtigen Darstellung, die niemand übertroffen hat, folgen gelegentlich lose Sätze und Seiten von plauderhaft mitteilender oder unterrichtender Art, ein direktes Verhältnis zum Leser tritt oft unerwartet und naiv hervor. Von Goethes Prosa jene bescheidene Selbstbeschränkung des reinen Erzählers zu verlangen, welche jede Regung, jedes Mitteilungsbedürfnis, jedes Verlangen nach direktem, persönlichen Wirken zugunsten einer rein anschaulichen Darstellung unterdrückt, das wäre dasselbe, wie wenn man vom Faust eine strenge Unterordnung unter die Theatergesetze verlangen wollte. Goethe ist, in einem gewissen höchsten Sinne des Wortes, immer ein Dilettant gewesen; ihm war die Dichtung nicht nur Tempel und Gottesdienst, nicht nur Bühne und Festgewand, sie war ihm, dem Universalen, das universalste Organ, mit dem er sich nach außen wandte, um die Weisheit seines Inneren, um seine tausendfach erlebte Lehre der Liebe auszusprechen und mitzuteilen. Wie der Faust, als Ganzes, kein Theaterstück ist, so ist der Wilhelm Meister keine reine Erzählung. Er ist viel mehr. Und dennoch, es ist sonderbar, sind auch diese Gebilde einer außerordentlichen Seele übervoll von Kunst, von direktem, meisterhaften Können sowohl wie von tiefer Ahnung größerer, noch unerfüllter, noch unerfüllbarer Fomen. Jeder literarisch gute Roman von heute achtet gewisse Regeln, gegen welche Goethe sorglos verstößt; im kleinen und einzelnen der Technik ist er zu übertreffen, ist er übertroffen worden. Aber nicht nur die Weite des Umfangs und die reife Größe der Menschlichkeit, die wir im Wilhelm Meister finden, ist nie wieder erreicht worden, sondern es ist auch nie wieder ein ähnlich großes Wollen im Roman formal so schön und meisterlich gezügelt und erlöst worden. Daß der Wilhelm Meister schließlich eine Art von Torso blieb, daran ist nicht Goethes Mangel an technischer Vollendung schuld, sondern einzig die ungeheure Weite des Horizonts, den er in einem einzigen Werke aufzuspannen unternahm.

Aus Wilhelm Meisters »theatralischer Sendung« sind Wilhelms Meisters »Lehrjahre« geworden, aus dem Künstlerroman der Roman des Menschen. Auch in den »Lehrjahren« noch nimmt das Theater einen großen Raum und eine tiefe Bedeutung ein, aber Wilhelms theatralische Laufbahn mündet, ohne daß ihr Scheitern irgend beklagt würde, in eine größere, allgemeinere, und als Umgebung des »Helden« tritt an die Stelle des beschränkten Theatermikrokosmos die wirkliche Welt. Der Held ist nicht ein individuell stark umrissener, einmaliger, auffallender Mensch, der Held bist du und bin ich, ebenso wie jeder von uns beim Lesen in Knabenjahren selbst der Held des Robinson gewesen ist. Jugendliche Neigung führt ihn, den Kaufmannssohn, zur Bühne, und es ist wohl ein wenig junge Eitelkeit und Glanzsucht dabei, doch nur als Beiklang und Tribut an die menschliche Schwäche, nicht als treibende Kraft. Die Kraft vielmehr, welche ihn treibt, die ihn zum Theater und über das Theater hinweg ins Leben und durchs Leben führt, ist die edle Sehnsucht nach einem reinen, vollkommenen Sein und Wirken, nach Wachstum und Bildung zum immer Vollkommeneren, Reineren, Wertvolleren. Diese Sehnsucht allein ist es, die wir an dem jungen Wilhelm Meister zu verehren haben, und sie müssen wir verstehen und teilen und mitleben, wenn uns sein Leben wertvoll sein und nützen soll. Kein einzelnes Talent, auch nicht das fürs Theater, ist bei ihm hervorstechend entwickelt, und es ist ein unendlich fruchtbarer und schöner Gedanke Goethes gewesen, daß er diesen Helden eines Bildungsromanes nicht als ein Erziehertalent, sondern als eine Art von Genie im Erzogenwerden einführt. Wilhelm ist letzten Grundes an Gaben ein Durchschnittsmensch, nicht aber an seelischem Bedürfnis und an sittlichem Wollen. Er ist schwach und erliegt leicht äußeren Anreizen und Einflüssen, er meint zu führen und wird geführt, er überschätzt die Menschen und ist an Lebensklugheit und an Stärke der Persönlichkeit im Aktiven kein Held. So ist er ein gutes Beispiel für jeden und könnte recht wohl für einen gültigen Vertreter menschlichen Durchschnitts gelten, der als Spielball feindlicher und günstiger Mächte ein mehr passives als handelndes Leben erleidet.

Dennoch ist er das nicht. Er teilt wohl mit dem Durchschnitt der Menschen die intellektuellen Gaben, ist aber durch eine entschiedene Fähigkeit zur Menschenliebe und zu sittlichem Handeln höhergerückt. So stellt er denn am Ende nicht ein beliebiges Menschenexemplar vor, sondern ein persönlich wenig ausgezeichnetes, wenig differenziertes Exemplar des guten, des wohlgesinnten, des kulturell brauchbaren Menschen. Und damit erst wird er

dem Dichter wertvoll und auf das tiefste interessant, denn es ist nicht der animalische Mensch, um den die Dichtung sich bemüht, sondern der Mensch in seiner Kulturfähigkeit, der zum Leben mit seinesgleichen, zur Wirkung und Unterordnung, zu Tätigkeit und wertvollem Mitleben Gewillte. Wilhelm Meister ist ein Jüngling, wie es manche gibt und wie recht viele sein sollten: neugierig gespannt auf das Leben, leidlich fürs Leben ausgestattet; bereit, sich ein Glück nicht schenken zu lassen, sondern zu erwerben; er erliegt dem Reiz des Abenteuers, er folgt den Lockungen der Ferne, aber was er sucht und ahnt und in seiner dumpfen Sehnsucht träumt und meint, das ist nicht Beute und errafftes Einzelglück, sondern es liegt auf dem Wege der Menschheit, es ist das Ideal eines klaren, frei dienenden, dem Ganzen wertvoll eingeordneten Lebens.
Dankbarkeit, Ehrfurcht, Gerechtigkeit sind die Gaben dieses Menschen, dessen Wesen Liebe ist. Als Dankbarkeit, als Ehrfurcht oder als Wille zur Gerechtigkeit äußert sich sein angeborenes Wesen in jeder Lebenslage, nicht ohne Kämpfe und widerstrebende Selbstliebe, aber stets von jener höheren Liebe geleitet und bezwungen. So ist der Mensch beschaffen, den die großen und guten Geister jener Zeit sich wünschten und erhofften, den sie heranzubilden strebten, von dem sie die Erfüllung ihrer schönen Menschheitswünsche erwarteten. An ihn hat Schiller seine Briefe und Abhandlungen gerichtet, von ihm hat Mozart in der Zauberflöte gesungen.
Mit Dankbarkeit denkt Wilhelm Meister seiner Kindheit, von welcher er bis in die tiefe Nacht hinein seiner ersten Geliebten erzählt, während sie mit dem Schlummer kämpft. Mit rührender Dankbarkeit hängt er an der Ge-

liebten selbst, und als er sie untreu findet und verloren hat, kämpft er verzweifelnd um ihr Bild und geht unermüdlich peinvolle Wege, dies getrübte Bild in seiner Reinheit wiederherzustellen.
Mit Ehrfurcht pflegt Wilhelm die Erinnerungen seiner Vergangenheit, mit Ehrfurcht achtet er Rang und Macht

Titelkupfer zu »Wilhelm Meisters Lehrjahre«, 1828

der Höherstehenden, mit höchster Ehrfurcht und Dankbarkeit liebt er das Genie, das ihm in Shakespeares Werken zum erstenmal herrlich und überwältigend entgegentritt. Und was als letzte Frucht seiner ganzen theatralischen Bemühungen übrigbleibt, noch uns Heutigen eine köstliche Gabe, das ist das Ergebnis seiner liebevollen Hingabe an Hamlet.

Mit reinem Willen zur Gerechtigkeit lebt er unter gemeinen und undankbaren Menschen, jedem von den wenig edlen und wenig liebenswerten Schauspielern seines Umgangs sucht er gerecht zu werden. Mit Achtung anerkennt er die Gaben anderer. Und was an ungestillter Liebe in ihm bleibt, das verzehrt er nicht in Wertherschem Selbstgenuß; er gibt es Unglücklichen, er gibt es der unseligen Aurelie, dem zerrütteten Harfenspieler, der sterbenden Mignon. In die Atmosphäre solcher Liebe, die auf einem ehrfürchtigen Glauben an die Menschheit ruht, ist das ganze Werk gehüllt wie in eine goldig warme Luft. Dem bedächtigen, sparsamen Kaufmann, dem armen Teufel von kleinem Komödianten, dem pedantischen und eingebildeten Grafen, dem dilettantischen Baron, dem eitlen und genußgierigen Schauspieldirektor, der hübschen leichtfertigen Philine, dem frechen knabenhaften Abenteurer Friedrich, jedem und jedem haftet neben aller stark charakterisierten Schwäche und Unwürdigkeit ein Schimmer von unangreifbarem Menschenwerte an, eine Liebenswürdigkeit und heimliche Schönheit, in jedem leuchtet eine kleine Flamme vom großen Liebesfeuer, jeder hat neben seiner Jämmerlichkeit seinen Teil von des Dichters Ehrfurcht vor allem Seienden, und keiner wird verdammt. Dabei gleicht keiner dem andern, dabei geschieht jedem Charakter und jeder Charakterlosigkeit ihr Recht, die menschliche Torheit spielt in allen Farben, und in hundert kleinen köstlichen Zügen lacht frei der Humor. Nur das Ganze bleibt unangetastet, die Bestimmung des Menschen, die ein einzelner hundertmal verfehlen und welcher er hundertmal Hohn sprechen kann und der er doch irgendwie im stillen dienen und untertan sein muß.

Und wieder sind die Edlen und Wertvollen, die Träger des Ideals, ebenso wie Wilhelm Meister selbst, überall Menschen und in ihren individuellen Sonderlichkeiten beschränkt. Deutlich ist jeder Figur ihr Wert an die Stirn geschrieben, dennoch zerfällt die Welt keineswegs in Schafe und Böcke. Und wie der Geringste noch irgendeinmal uns zu rühren und zu versöhnen vermag, so trägt der Edelste noch die Zeichen menschlicher Unvollkommenheit.
Nicht einen Augenblick sehen wir Wilhelm Meister ohne Liebe leben. Es mag ihm gut oder übel gehen, er mag voll Hoffnung oder voll Betrübnis sein, niemals steht er abseits in egoistischer Einsamkeit, niemals verläßt ihn der Drang zu Teilnahme, Freundschaft, Wohltat. Von den ungebärdigen Schauspielern läßt er sich plündern und übers Ohr hauen, so daß zuweilen der Leser beinahe unwillig wird, und da er sie schließlich verläßt, ist es nicht ihre Undankbarkeit und Unverbesserlichkeit, die er beklagt, sondern die Kleinheit dessen, was er für sie getan zu haben meint. Als reisender Junggeselle knüpft er fremde Schicksale an seines und führt eine ganze kleine Familie von Bedürftigen mit sich. Oft wird er ungeduldig, oft findet er mit Unwillen und Beschämung sich genarrt und verwirrt, aber keinen Augenblick zweifelt er an dem Rechte, das seine Umgebung an ihn habe, keinen Augenblick erscheint ihm sein persönliches Geschick und Wohlergehen als das einzig Wichtige auf Erden. Mag er damit zuweilen wie ein gutmütiger Tor erscheinen, er kann nicht anders. Und schließlich erkennt man mit frohster Rührung, wie die stille Gerechtigkeit, an die er glaubt und die er üben hilft, auch ihm gerecht wird und auch seine Opfer und Mühen bezahlt. Wir sehen von den vielen Menschen, die ihm be-

gegnen, stets die feineren und edleren ihm ihre Teilnahme schenken, seine Freunde werden und sein Leben bereichern; wir sehen, wie etwa bei der guten Frau Melina und bei Philine, weniger edle Seelen ihm doch ihre reineren und zarteren Seiten zuwenden. Und am Ende, als er sein Leben in eigene Hände zu nehmen meint und mit dem Heiratsantrag an Therese, mit dem ersten scheinbar ganz freien und wohlbesonnenen Schritt seines befreiten Lebens, seine erste gründliche und verhängnisvolle Torheit hat begehen müssen, als das Glück ihn zu narren scheint und sein Zustand wirklich bedenklich wird, da ist es doch nicht anders, als kehrten seine eigenen Guttaten und Gesinnungen zu ihm zurück, als strahle die Welt etwas von der Liebe wider, die er an sie verschwendet, und durch gute Menschen nimmt eben jetzt sein Schicksal die letzte große Wendung zu neuem Glücke und neuen weiten Ausblicken in herrliche Lebensmöglichkeiten.
Dieser Roman ist eine Welt, aber eine von menschlichen Gesetzen geleitete und vernünftige, kein Chaos durcheinanderstrebender Kräfte, sondern eine leise geordnete Mannigfaltigkeit, in deren Zusammenklang die rohe Notwendigkeit durch Geist und Güte gemildert erscheint. Nicht die Freiheit des Willens wird hier verkündet, sondern das Recht und der Sieg menschlicher Vernunft und Güte. In dieser Welt wandeln Greis und Kind, Weltmann und Sonderling, Frommer und Ungläubiger nicht gleichgeordnet und gleichgewertet, aber in Brüderlichkeit und vom Lichte derselben Liebe, vom Recht derselben Menschlichkeit bestrahlt. Und es ist das Geheimnis und der Zauber dieses Werkes, daß diese seine Harmonie und tiefe innere Einheit aus einer so mannigfaltig erschauten,

aus einer so frisch und sinnlich-anschaulich geschilderten Gestaltenfülle hervorblüht. Keine bestimmte Gläubigkeit oder Weltordnung wird vorausgesetzt, kein Gesellschaftsgesetz verkündet, die Einheitlichkeit und Klarheit des Ganzen wächst aus keinem Schema, aus keinem Programm heraus, sie hat keinen anderen Grund als die Liebe,

Titelkupfer zu »Wilhelm Meisters Lehrjahre«, 1801

die Liebe des Dichters zu allem Menschenwesen, und seinen Glauben an die Kulturfähigkeit der Menschen. Seltsam und rührend stehen inmitten dieser bei aller Buntheit doch völlig rationellen Welt die einsamen Figuren des Harfenspielers und der Mignon. Man hat sich hin und wieder um ihre Bedeutung bemüht und sich schließlich begnügt, in Mignon eine Personifikation von Goethes Sehnsucht nach Italien zu sehen. Das ist, in solch armer Nacktheit, roh und übertrieben, auch würde eine solche Deutung einzelner Figuren notwendig weitergeführt werden müssen und es entstünde ein Herabwürdigen dieser lebendigen Gestalten zu allegorischen Puppen, womit jedes reine Verhältnis zu der Dichtung zerstört wäre. Gewiß ist in der Gestalt und in den Liedern der Mignon Goethes Liebe zu Italien zu erkennen, aber Goethes Italien ist eben auch unendlich mehr als ein geographischer oder historischer Begriff, und es stünde eine so arme Eindeutigkeit im hellen Gegensatz zu dem ganzen, schillernden Reichtum der Beziehungen und Bedeutungen, mit denen das Buch geheimnisvoll erfüllt ist. Der Harfenspieler und Mignon sind die einzigen rein poetischen Gestalten des Romans, die einzigen, welche außerhalb der verständigen Welt im farbigen Dämmerlichte rein dichterischer Existenzen schweben. Sie sind die schönsten und innigsten Gebilde des ganzen Buches, und doch rächt sich gerade an ihnen jene Zwiespältigkeit der Orientierung, welche Schiller an dem Roman tadelt. Die Auflösung dieser beiden Schicksale nämlich ins Ganze des Romans, die »Erklärung« der beiden schönen Schatten und ihre Zurückführung ins Reich des Verstandes und der Wirklichkeit ist eine der schwächsten Stellen in dem ganzen Kunstwerke. Hier sind die Forderungen der Poesie mit denen des Verstandes nicht vereinigt, und bei jeder neuen Lektüre des Wilhelm Meister geht man jenen Seiten, auf welchen Mignons Rätselgestalt demaskiert und ihr irdisches Schicksal aufgezeigt wird, mit einem gewissen ernüchterten Bangen entgegen. Hier ist eine der Stellen, wo das mächtige

Gebäude dieser Dichtung die nackte Zimmerarbeit, die rohen Fugen herzeigt. Es gibt noch andre solche Stellen, einige voll befreiender Offenheit, andre maskierter und feiner vertüncht – aber ich weiß nicht, ob es nur mir allein so geht: mir ist gerade an diesen heiklen Stellen Goethe besonders lieb, seine große Gestalt wird menschlich und scheint zu lächeln, und das Ganze seines großen Romans, die fast übermenschliche Ungeheuerlichkeit des Gewollten, Versuchten, Gekonnten, wird angesichts dieser Stellen eines gewissen Versagens mir stets doppelt ehrwürdig und groß. Wie es kein großes Kunstwerk gibt, das nicht aus Liebe entstanden wäre, so gibt es kein edles und förderliches Verhältnis zu Kunstwerken, als wieder durch die Liebe, und wem an jenen Punkten, wo auch in großen Dichtungen ein Rest von menschlicher Schwäche vortritt, nur Kritik oder gar Schadenfreude zu Gebote steht, der wird immer arm und hungrig von diesen reichen Tischen gehen müssen. Jede Ritze, durch welche wir in den gewaltigen Bau des Wilhelm Meister, in das Innere seiner Konstruktion hineinsehen können, hebt nur die erstaunliche Vollendung des Fertiggewordenen noch klarer hervor. Und indem man an diesen verräterischen Stellen erst die Menge und Größe der Gefahren, die Heikelkeit und peinliche Vielgliedrigkeit dieser zarten Konstruktion erkennt, wird man stumm und blickt mit neuer, geschärfter Dankbarkeit und mit neuer, wacherer Freude auf die tausend Schwierigkeiten und Gefahren zurück, die man, als vom Dichter überwundene, nicht wahrgenommen hat und von denen man erst jetzt eine Ahnung bekommt. Wie eng die äußeren Mängel des Werkes mit seinen Vorzügen zusammenhängen, das zeigt kein Beispiel einleuchtender als das sechste Buch, das die »Bekenntnisse einer schönen Seele« enthält. Der Roman wird hier einfach durch die eingeschobenen Memoiren einer frommen Dame unterbrochen, wobei ohne weiteres angenommen wird, daß der innere Wert dieser Mitteilungen den Verstoß gegen die Form der Erzählung entschuldige. Beim ersten Lesen geht man darauf nicht ohne Widerstreben ein, denn so schön und tiefgründig dies Stück Psychologie auch sei, es unterbricht den Lauf des Romans, dem wir mit gespannter Teilnahme folgen, an wichtiger Stelle, und nicht etwa für einige Seiten oder ein kurzes Zwischenkapitel, sondern ein ganzes Buch hindurch. Schließlich ergibt man sich, begibt sich seiner Rechte auf die Fortsetzung der Geschichte Wilhelms und geht erstaunt und gefesselt durch den schönen, stillen Garten dieser zarten Bekenntnisse. Erst später dann, wenn der Leser längst wieder dem Schicksale Wilhelms folgt, tritt der Inhalt jener eingeschobenen Memoiren immer wieder und immer dringender als unentbehrlich in die Zusammenhänge ein, und am Ende wird mancher Leser sich genötigt sehen, jene Bekenntnisse, wenigstens teilweise, mit Aufmerksamkeit nochmals nachzulesen, um nicht wichtige Fäden zu verlieren. Beim zweiten und öfter wiederholten Lesen (denn den Wilhelm Meister muß man alle paar Jahre einmal wieder lesen) wird diese scheinbar plumpe Form der Unterbrechung ein Reiz mehr, auf den man sich geradezu freut, und am Ende wird kein Leser sein, der das Juwel dieser so schön in sich abgeschlossenen Bekenntnisse zugunsten einer einheitlicheren und technisch einfacheren Fortführung des Romans wieder missen möchte.

Und mit je schärferem Auge man zuschaut, desto merkwürdiger und verehrungswürdiger treten auch die Schönheiten der Darstellung im einzelnen heraus. Wie voll warmer Stimmung, wie voll Dämmerlicht und Liebeszauber sind die ersten Kapitel! Wie glänzt, beim Beginn von Wilhelms Reise, uns eine verklärte, reiche, bis in hundert Details hinein sichtbare Landschaft entgegen! Man erinnert sich ihrer gelegentlich, schlägt im Buche nach, erwartet drei, vier Seiten voll Kleinmalerei zu finden, weil man das Gedächtnis voll von Anklängen und Vorstellungen hat, und man findet, seltsam überrascht und fast befremdet, zehn oder fünfzehn Zeilen! Diese zehn Zeilen, im Zusammenhang gelesen, sind so suggestiv und bilderweckend, daß wir nach Monaten, nach Jahren schwören möchten, uns an hundert liebe, schöne Details darin beinahe genau zu erinnern, wovon in Wahrheit keines dasteht.

Solche Wirkungen sind nur dem Zauber echter Dichtung möglich. Überhaupt gibt es keinen gewisseren und keinen gefährlicheren Prüfstein für den rein poetischen Wert von Dichtungen, als die Erinnerungen an Details. Hier bewährt sich der Wilhelm Meister in seiner rätselhaften Zauberei jedesmal ganz überraschend. Der Leser erinnert sich an Szenen, an Personen, Begegnungen, Gespräche, und wo immer er nachschlägt und nachprüft, findet er, was in seinem Gedächtnis breit und detailliert dastand, präzise und sparsamst ausgedrückt. So ist es mit der Erscheinung des Geistes im Hamlet, mit der darauffolgenden rätselhaften Liebesnacht, mit jener Szene, wo der verwundete Wilhelm die Amazone sieht – und jede dieser Szenen ist meisterhaft, ist von jener traumhaft starken, unkontrollierbaren Wirkung höchster Kunst. Goethes

Worte sind oft wie Samenkörner, die erst nach dem Lesen aufgehen und zu wachsen beginnen. Das kommt daher, daß sie selbst nicht launige Gebilde des Augenblicks, sondern Früchte gesiebter Erfahrung und innigster Konzentration sind. So schreibt Goethe selbst, als er im März 1795 an die Ausarbeitung der »Bekenntnisse einer schönen Seele« geht: »Vorige Woche bin ich von einem sonderbaren Instinkte befallen worden, der glücklicherweise noch fortdauert. Ich bekam Lust, das religiöse Buch meines Romans auszuarbeiten, und da das Ganze auf den edelsten Täuschungen und auf der zartesten Verwechslung des Subjektiven und Objektiven beruht, so gehörte mehr Stimmung und Sammlung dazu als vielleicht zu einem andern Teile. Und doch wäre, wie Sie seinerzeit sehen werden, eine solche Darstellung unmöglich gewesen, wenn ich nicht früher die Studien nach der Natur dazu gesammelt hätte.« Diese »Studien nach der Natur« liegen beinahe jedem Satz im Wilhelm Meister zugrunde, wie denn oft gerade solche Stellen, die mit starkem momentanem Reiz auf uns wirken wie aus einer Laune geboren, oft hinter sich eine erschreckend tiefe Perspektive von Abwarten, Beharrlichkeit, Geduld verborgen haben. Was in diesen Sätzen steht, das ist in Jahren gesammelt, gesichtet, das hat sich gerüttelt und gesetzt, geklärt und konzentriert. Darum ist auch alles so voll Stil, so unantastbar, so fest und gesetzmäßig. Wie die Gestalten und Gestaltengruppen des Werkes gegen das Ende hin immer sinnvoller, bedeutender, ergreifender zusammentreten, darüber hat Schiller gesagt: »Es steht da wie ein schönes Planetensystem.«

Es ist das Geheimnis des dichterischen Genies, daß in seiner Hand das Selbstverständliche, daß die einfachen Dinge und Tatsachen des Lebens ihm, dem Ehrfürchtigen, beständig neu und lebendig und heilig sind. Er, der den Werther geschrieben hat, ist der größte Prophet für die Heiligkeit des Lebens geworden, nichts ist ihm ferner, nichts fremder und verhaßter, ja unverständlicher als jede Art von Blasiertheit, von Teilnahmslosigkeit, von müder Vereinsamung, die er denn auch im Wilhelm Meister nur dem ausgesprochen Geisteskranken gelegentlich erlaubt. Alles zielt auf Anerkennung und Förderung des Lebenden, auf Verehrung und Dankbarkeit, auf die Achtung gegen fremdes Verdienst, auf die Bereitschaft, fremdes Bedürfnis, fremdes Recht anzuerkennen. Es wird über Adel und Geburtsrecht gelegentlich recht freimütig gesprochen, dennoch ist Anerkennung des Höhergeordneten, ist Höflichkeit, Sorgsamkeit guter Sitte durchweg vorausgesetzt. Gelegentlich macht das Ernstnehmen der Rangunterschiede fast einen kindlich rührenden Eindruck, so, wenn im Dilettantentheater in Hochdorf der alte Forstmeister, der sich nachher selbst ziemlich mäßig benimmt, bei seinem Eintritt »mit der größten Verehrung« begrüßt wird.

Wilhelm, dessen Sein und Leben auf Liebe beruht, ist beständig auch von Frauenliebe umgeben. In den Armen seiner ersten Geliebten erwacht er zur Freudigkeit, ein neues, eigenes Leben zu beginnen, und vom Verlust dieser Geliebten bis zum Finden der wahren Braut hat er es immerfort mit Frauen zu tun, wird er immerzu gereizt, gelockt, an die Verlorene erinnert oder ahnungsvoll an die Zukünftige gemahnt und bis zum letzten Augenblicke, da es beinahe zu spät ist, irrt er zwischen ähnlichen, verwandten Bildern hin und wieder, seiner Ahnung sicher, aber durch die Spiele der Wirklichkeit verwirrt. Die Laune seiner Verliebtheiten gibt seinem Lebensgang die eigene, spielerisch reizende Linie, aber das Spiel ist niemals nur Spiel, es steht fühlbar immer der tiefe Ernst dahinter. Wilhelm hat von der munteren kleinen Liebeskünstlerin Philine nichts zu lernen; für ihn ist Liebe die Krone des Lebens, an der kein Makel haften darf. Er verliebt sich in die Gräfin, damit beginnt die seltsame Umkreisung, mit der er endlich zur wahren Geliebten hin findet, welche die Schwester der Gräfin ist, und obwohl der erste Anblick Nataliens ihn wie ein Blitz ins Herz getroffen und verwundet hat, irrt er doch und sucht und taumelt in dumpfem Liebestraum noch lange weiter, des Weges ungewiß, so daß seine endliche Befreiung durch Natalie kein Glücksfall und schöner Fund mehr ist, sondern höchstes Schicksal und endliche Vereinigung von Kräften, die seit langem dunkel zueinandergestrebt haben.

Genug der Einzelheiten! Wir wollen den Wilhelm Meister nicht erschöpfen und erklären, wir wollen die Vielfältigkeit dieses tausendfädigen Gewebes nicht aufzulösen suchen. Wir wollen trachten, ihn dankbar zu genießen, von ihm zu lernen, ihn recht zu besitzen. Das große, seltsame Buch hat für jeden Leser eine Stimme, für jeden ein Glück, für jeden eine Mahnung, für jeden einen tiefen, nie auf einmal zu umfassenden Wert, nur nicht für den Lieblosen, den Ungläubigen, den Bösen. Wen der animalische Mensch mehr anzieht als der kultivierte, wer die Schönheit des Chaos der Schönheit menschlicher Ordnung vorzieht, für den ist im Wilhelm Meister nichts Heiliges zu finden. Für den bleibt er höchstens ein schönes, gescheites,

überlegenes Buch, interessant durch seine scharfäugige Beobachtung des Lebens, durch die Mannigfaltigkeit seiner Bilder, lesenswert wegen seiner schönen und wahren Einzelheiten. Wer hingegen fähig ist, sich selbst an Wilhelm Meisters Stelle zu fühlen, mit ihm zu lieben, mit ihm zu irren, mit ihm an die Menschheit zu glauben, mit ihm die Dankbarkeit, die Ehrfurcht, die Gerechtigkeit zu pflegen, dem ist dieser Roman kein Buch mehr, sondern eine Welt der Schönheit und Hoffnung, ein Dokument der edelsten Menschlichkeit und eine Bürgschaft für den Wert und die Dauer geistiger Kultur. Der so geartete Leser wird in jedem Satze Freude und Bestätigung seiner besten Regungen finden, aber er wird keinen Satz, keine Einzelheit zur Hauptsache machen wollen, er wird nicht Mängel und Tugenden des Werkes zählen und abwägen, sondern das Ganze in seiner Einheit lieben und verehren lernen. Diese Einheit besteht nicht in der Form, auch nicht in einem formulierbaren Glauben und Bekenntnis, sondern lediglich in einer tiefen, von jeder Selbstsucht gelösten Liebe. Diese Liebe ist Wilhelm Meisters Tugend, und ihm kann jeder von uns sich ähnlich fühlen und ähnlich werden, wenn er sich auch von Goethes großem Wesen unendlich fern und traurig unterschieden weiß.
Der Meister ist kein Kunstwerk, dessen Vollkommenheit uns bestürzt und niederschlägt. Er ist durchaus menschlich, er kann unser Freund und Begleiter werden, er fordert nichts von uns als die Aufrichtigkeit unserer Liebe. Haben wir die, so dürfen wir alles einzelne im Wilhelm Meister preisgeben; wir dürfen schließlich Schiller rechtgeben und im Roman überhaupt keine hohe Kunstform sehen, wir dürfen über kleine Unbeholfenheiten des Wer-

kes ruhig lächeln und werden doch bei jeder Lektüre die Empfangenden, die Beschenkten, die Bezauberten sein. Wir sehen in ihm nicht eines jener Kunstwerke, die in erhöhter, einsamer Schönheit stehen, denen wir nur in festlichen Stunden nahen dürfen. Wir sehen in ihm einen Trost und eine Freude für jeden Tag, wir gehen auf seinen Fluren umher wie auf dem Boden des Vaterlandes, mit Ehrfurcht, doch ohne Scheu, unserer Rechte, unserer Zugehörigkeit gewiß.
Es ist diesem Buche eigen, daß es weder dem nach einzelnen Erkenntnissen suchenden Verstande, noch dem nur nach ästhetischer Befriedigung suchenden Gefühle sich ganz erschließt. Niemand kann den Wilhelm Meister auf einmal auslesen, niemand kann in irgendeinem Augenblick während oder nach der Lektüre den ganzen Reichtum des Buches auf einmal fühlen und kosten. Wir wandeln auf seinem Boden wie auf der guten, fruchtbaren, treuen Erde, wir blicken zu ihm empor wie zum ewigen, seligen Himmel, wir fühlen uns von ihm in unseren guten, wertvollen, edlen Regungen und Hoffnungen bestätigt und gestärkt, in unseren Schwächen und Fehlern aber wohl erkannt und getadelt, doch nicht verdammt. Im Wilhelm Meister ist, wenn irgendwo, die Religion für alle jene zu finden, die keines übernommenen Bekenntnisses mehr fähig sind und denen doch die bange Einsamkeit des glaubenlosen Gemütes unerträglich ist. Kein Gott wird hier gelehrt, kein Gott gestürzt, kein irgend reines Verhältnis der Seele zur Welt wird abgelehnt. Verlangt wird nicht Griechentum noch Christentum, einzig der Glaube an den Wert und die schöne Bestimmung des Menschen, zu lieben und tätig zu sein. *(Geschrieben um 1911)*

Erste Fassung von »Wilhelm Meisters theatralischer Sendung«

Der größte und schönste literarische Fund der letzten Jahre, die erste Fassung des Wilhelm Meister, ist unter dem ursprünglichen Titel »Wilhelm Meisters theatralische Sendung« erschienen.

Man sollte meinen, so ein Fund müßte ganz Deutschland aufregen und man hätte eine Zeitlang unter gebildeten Männern und Frauen von nichts so viel reden hören müssen, als von diesem herrlichen Funde. Aber es steht anders um unsere Kultur, und wie soll ein Leservolk, das zwar Schundblätter zu Hunderttausenden verschlingt, den Wilhelm Meister aber in seiner alten, seit bald hundert Jahren vorliegenden Form wenig mehr kennt, wie soll dies Leservolk sich viel um die ursprüngliche Fassung dieses größten deutschen Romans bekümmern! Nun, ein paar Tausend werden immerhin dasein, denen dieser »Urmeister« ein Erlebnis und eine innige Freude bedeutet. Man hat darüber gestritten, ob er schöner und wertvoller sei als Goethes spätere Fassung, aber man kann ebensogut darüber streiten, ob der Frühling schöner sei als der Sommer. Hier, in diesem Urmeister, ist Goethescher Frühling, reich und blühend, aber ich möchte doch den späteren Meister dafür nicht hergeben; allein schon sein Anfang, jene paar namenlosn suggestiven, zwingenden Seiten, ist dem Anfang des neugefundenen Werkes weit überlegen. Was der Urmeister Neues bringt, ist vor allem die Jugendgeschichte Meisters und dann eben ein unersetzliches, prächtiges Stück Goethescher Jugendprosa; wir tun am besten, nicht zu vergleichen und namentlich nicht zu kombinieren, sondern den neuen Fund als ein Werk für sich zu nehmen. Es gewinnt auch biographisch und psychologisch ein Interesse dadurch, daß es die heimliche Arbeit jener zehn Weimarer Jahre ist, in denen Goethe fast völlig auf die poetische Arbeit verzichten zu müssen meinte. Für den Goethe der Zeit zwischen dem Werther und den »Lehrjahren« ist nun diese »Sendung« entschieden das wichtigste Dokument. *(1912)*

GOETHE UND BETTINA

Die Legenden über Goethes Verhältnis zu Bettina Brentano, deren es seit »Goethes Briefwechsel mit einem Kinde« sehr viele gab, haben aufgehört, seit vor einigen Jahren der echte, originale Briefwechsel zwischen Bettina und Goe-

Bettina von Arnim
Zeichnung von L. E. Grimm, 1809

the veröffentlicht worden ist. Man kann jetzt die Briefe, welche die schwärmerische Frankfurterin tatsächlich an Goethe geschrieben, und die Antworten, die sie von ihm erhalten hat, Wort für Wort nachlesen, und der Herausgeber hat durch Einbeziehung andrer Briefwechsel, sowie durch Auszüge aus Goethes Tagebüchern, die Dokumente dieses merkwürdigen Verhältnisses lückenlos zusammengestellt. Wir sehen daraus, daß ein Briefwechsel seit Bettinas erstem Besuch in Weimar, im April 1807, bestanden hat, daß dieser Briefwechsel sehr einseitig war, indem auf zahlreiche, lange und liebevolle Briefe der Dame meist nur kurze, knappe und wenig herzliche Antworten, sehr häufig gar keine, erfolgten, daß ferner Bet-

Goethes Frau Christiane
von Goethe gezeichnet

tina in späteren Jahren mehrmals in Weimar war, auch als Wohngast im Haus Goethe, daß bei einem dieser Besuche, im Spätsommer 1811, ein heftiger, häßlicher Auftritt, eine Beleidigung Bettinas durch Goethes Frau Christiane, den Beziehungen für lange Zeit ein Ende machte, welche dann niemals mehr die frühere Wärme gewannen. Es steht außerordentlich viel Schönes, Schwärmerisches und Herzliches in Bettinas Briefen, in denen Goethes wenig eigentlich Lesenswertes, es steht auch viel Trauriges in diesem eigenartigen Buche, worunter das Traurigste die Kühle und gelegentliche Bosheit ist, mit welcher Achim von Arnim seit dem Augenblick jener Beleidigung durch Christiane von dem bis dahin göttlich verehrten Goethe spricht.

Es besteht kein Zweifel darüber, daß Bettinas Briefe an Goethe unendlich viel schöner sind als dessen Antworten, auch nicht darüber, daß Bettina den Dichter mit einer rührenden, treuen, wunderbar beseelten Liebe geliebt hat, bis zu ihrem Tode, und daß Goethe diese Liebe nicht nur nicht erwidert, sondern auch nicht ganz anerkannt und verstanden hat, daß ihm diese ewige Bettina mit ihren langen Briefen und ihrer wortreichen Begeisterung im Grunde eher lästig war, und daß seine Höflichkeit und sein gelegentliches Entgegenkommen stets einen frostigen Beigeschmack hat. Wäre Bettina nicht von Goethes alter Mutter an ihn empfohlen worden, so hätte er sie vielleicht gleich beim ersten Kennenlernen abgelehnt und sie später nie ermuntert, ihm zu schreiben. Sein Fehler und Versäumnis gegen Bettina bestand darin, daß er nicht Nein sagen konnte, auch wo er nicht Ja sagen mochte, und so hat er dies Verhältnis, das von Seiten der Verehrerin stets völlig aufrichtig war, durch die Jahre und Jahrzehnte hin geschleppt, eine halbe und kühle Sache, eine im Grunde unnütze und von seiner Seite unwahre Beziehung. Wenn man schon nach Schuld suchen will, so ist dies Goethes Schuld gewesen.

Wenn wir aber das Buch, das jenen so eigentümlichen Briefwechsel enthält, nicht mit Richteraugen betrachten, und ihm in seiner Ausdehnung durch mehr als zwanzig Jahre folgen, so sehen wir am Ende nicht bloß der Liebe einer jüngeren Dichterin zu einem verehrten Dichter zu, und ihrem gegenseitigen Verhalten von Jahr zu Jahr, sondern einem halben Menschenleben, auf beiden Seiten. Wir sehen Bettina aus einem naseweisen Mädchen eine Frau

Achim von Arnim
Portrait von P. E. Ströhling

und Mutter werden, wie denn das ganze Buch mit einem Verse endet, den der alte Goethe einem Sohne Bettinas ins Stammbuch schreibt, und der das Letzte ist, was Goethe vor seinem Tode geschrieben hat. Ihn aber, Goethe, sehen wir in diesem Buch umgekehrt sich entwickeln, wir sehen seinem Altwerden, seinem Abbauen, seiner zunehmenden Versteifung und Vereinsamung und seinem ganzen Absterben zu, und wenn wir dies ohne die Voreingenommenheit Arnims betrachten, der über Goethes Altwerden nur Witze macht, dann ist das Schauspiel ergreifend und groß. Es scheint mir wertvoll, sich dieser Betrachtung hinzugeben; wenn wir den Blick eine Weile auf diesem merkwürdigen Schauspiel ruhen lassen, so sehen wir nicht nur ein Stück Leben in seiner Größe und Unerbittlichkeit, sondern es wird uns auch der sogenannte »alte Goethe« neu beleuchtet.

So betrachtet, verwandelt sich der Briefwechsel in ein langes, symbolisches Gespräch zwischen Jugend und Alter, worin die reizenden Töne der Jugend zunächst werbend im Kampf mit der Müdigkeit des Alters stehen. Goethe wird umworben, er wird in eine Wolke von Anbetung und Liebe gehüllt, es wird ihm nahe gelegt, die Rolle des Alten zu vergessen und sich von der liebenden Jugendlichkeit anstecken zu lassen. Und ganz erfolglos ist dies Werben nicht, es wird dem ältern Herrn dies und jenes freundliche Wort, dies und jenes Lächeln, der und jener wohlwollende Blick abgetrotzt, doch ist das Maximum an Entgegenkommen sehr rasch erreicht, und von nun an geht es unerbittlich, langsam und sicher abwärts, so daß man bei der Attacke Christianes schon nicht mehr verwundert darüber ist, daß Goethe sich über die Unbeherrschtheit seiner Frau nicht nur kein bedauerndes Wort, sondern nicht einmal eine versöhnliche Gebärde abgewinnen kann. Später, nach Christianes Tode, begann Bettina ihr Briefschreiben an Goethe aufs Neue, und mit einem neuen, rührenden Ton, dem der frühere Goethe nicht widerstanden hätte, aber der jetzige konnte nicht mehr darauf eingehen, und er hat ihr nie mehr geschrieben, obwohl er sie bei ihren spätern Besuchen in Weimar empfing, auch mit ihrem Mann noch einige Briefe wechselte. Und diese zweite Hälfte des »Briefwechsels«, der nun aufgehört hat ein Zwiegespräch zu sein, diese neue Reihe von Werbungen, Liebesgeständnissen und seelischen Geschenken, welche alle ohne Antwort bleiben, spricht noch beredter von jenem Vorgang in Goethes Seele, der mit den

Goethe, 1817
Kreidezeichnung von F. Jagemann

Worten Altern und Absterben nur negativ bezeichnet ist, der wohl ein Müdewerden, aber zugleich eine tiefe Verwandlung war. Während die jugendliche Stimme des Duetts weiter und weiter singt und sich in holden Tönen bis zur Verschwendung ausgibt, ist die andre Stimme überhaupt nicht mehr da, es ist kein Goethe mehr, an den Bettina ihre herrlichen Briefe richtet, es ist ein geheimnisvoller alter Mann da, der im Begriffe ist, sich mehr und mehr zu entpersönlichen und völlig ins Anonyme zu entschwinden. Er ist keineswegs altersschwach, das wissen wir aus seinen Studien und Leistungen jener Jahre, aber er ist keine Person mehr, man kann Liebeslieder und Gebete an ihn richten, den großen Thronenden, aber man kann keine Antwort mehr von ihm erhalten, man weiß nicht mehr, ob sein Ohr von den Stimmen dieser Welt noch erreicht wird.

Wenn man aber zu ihm nach Weimar reist und ihn aufsucht, dann ist der Gewaltige ein etwas klein und brummig gewordener Greis, und man kann kleine Szenen mit ihm erleben wie jene ergreifende, über die Bettina im Herbst 1824 berichtet. Da hat der Olympier, während Bettina bei ihm ist, im Nebenzimmer eine Bouteille Wein aufgestellt, und viele Male im Lauf des Abends verschwindet er dorthin, und der zurückbleibende Gast hört im Nebengemach die Flasche glucksen, aus der er sich jedesmal ein Glas einschenkt. Und am Schlusse dieses Abends spricht der alte und etwas verwahrloste Weintrinker zum Gast einige Worte, welche auf die weinende Frau den Eindruck machen, daß sie darüber an eine Verwandte schreibt, Goethes Genie sei jetzt im Begriff, »sich ganz in Güte aufzulösen«. An diesem Abend kommt noch einmal Antwort vom Angebeteten, es ist der letzte Ton aus dem Mund des Geliebten, den Bettina im Leben vernimmt – aber es ist nicht Er mehr, nicht Goethe mehr, welcher spricht, es spricht aus den mit Wein befeuchteten Greisenlippen der Namenlose, nicht mehr Persönliche, in den er sich verwandelt hat. Sein Haus ist verödet, seine Frau seit vielen Jahren tot, bald wird ihn auch die Botschaft vom

Untergang des einzigen Sohnes treffen, ringsum bersten die Räume von der Menge der in Jahrzehnten angehäuften Sammlungen, die wie eine wuchernde Kruste dies hinsterbende Leben umschließen, in den Schränken gilben die

Schrank mit Goethes zoologischen Präparaten

zehntausende von registrierten Briefen, alles riecht schon nach Verfall und Moder, alles nimmt schon Abschied, und inmitten steht, neben der leer getrunkenen Flasche, das was von Goethe noch übrig ist, und aus seinem welken Munde kommen Worte, die besten, die er je an diese Lie-

bende gerichtet hat, und die zugleich von einer leisen Selbstverhöhnung gefärbt sind.
So erstaunlich reich und dichterisch schön die Briefe Bettinas an Goethe sind – die Seite, auf der sie ihrer Nichte von dieser Weimarer Abendstunde berichtet, ist ergreifender als alles andere. Es enthüllt sich plötzlich, daß dieses ganze, Jahrzehnte alte, oft so gequälte Verhältnis Goethes zu Bettina gar kein menschliches, gar kein persönliches war, und daß es dennoch gut war und Wert hatte. Es enthüllt sich, für einen Augenblick, der ganze sinnvolle Widersinn des Goetheschen Lebens, der Sinn seiner Formensteifheit, der Sinn seiner gehäuften Sammlungen, der Sinn seiner unheimlichen Betriebsamkeit, welche ihn auch das Phänomen Bettina, so wenig es ihm bequem war, nicht wegweisen, sondern mit in sein Naturalienkabinett aufnehmen hieß. Es enthüllt sich die Tendenz des alten Goethe: aus der Haft einer nahezu überkultivierten Persönlichkeit ins Überpersönliche, ins Anonyme hinüber zu sterben, hinüber zu wachsen. Plötzlich, für einen Augenblick, fühlen wir, daß dieser späte, alte Goethe gar nicht mehr der Bettina als ein Zweiter gegenübersteht, nicht mehr der Geliebte, der Empfänger ihrer Briefe und ihrer Verehrung ist, sondern sie ein Teil, eine Schöpfung, eine Ausstrahlung von ihm!
So empfand ich, als ich beim Lesen des Briefwechsels an jene gefährliche und unvergeßliche Stelle kam, wo Bettina von ihrem letzten Weimarer Besuch berichtet. Hatte sie nicht viele, viele Jahre lang, beinah ohne Dank und Erwiderung, ihr Herz und ihren Geist an diesen Goethe verblutet, verschwendet? Hatte sie nicht jüngst noch sein Denkmal entworfen, all ihr künstlerisches Vermögen in

den Versuch konzentriert, dem Vergötterten einen würdigen Denkstein zu setzen – ein Versuch, über den Goethe sich gegen Bettina selbst gar nicht, und gegen dritte mit recht süffisanten Worten äußerte? Aber nein! All die hundert umfangreichen Briefe, samt Denkmal und allem, waren ebenso Goethes wie Bettinens Werk, ihr zeugendes Zentrum, ihre erhaltende Sonne war Er, nicht Sie – aber nicht die Person Goethe, sondern jener Goethe, der schon seit langem auf der Reise über sich hinaus begriffen war. Der Gedanke mag etwas anmaßend klingen, die ganze Bettina, oder doch ihr ganzes Goethebuch, nur als eine Ausstrahlung oder eine Relation Goethes zu betrachten. In der Tat hat ja Bettina, selbst ein vom Genie gestreifter Mensch, Eigenes und Schöpferisches genug. Aber daß sie fruchtbar wurde, daß sie tief lieben, tief allein sein, tief leiden lernte, daß sie das Gefühl der Anbetung und zugleich das Gefühl der Unzulänglichkeit aller Anbetung kennen lernte, dies alles ist von Goethe mitbestimmt, wäre nicht ohne ihn. Wenn wir ihr Briefbuch lesen, so scheint es uns im Anfang, als ob da ein kleines munteres Schiff tapfer und sehnsüchtig einem fernen Berg entgegen strebe. Alles scheint ganz eindeutig: das Schiff fährt, der Berg weilt; das Schiff ist Aktion, der Berg ist Passivität. Aber sobald wir den Berg als Magnetberg erkennen, werden all diese Verhältnisse umgedreht. Und es ist das Geheimnis des älteren Goethe, daß er, der wunderliche steife Greis in seinem zu großen Gehäuse voll Kram und Sammlungen, weit um sich her wie ein chinesischer Magier jene magisch zwiefältige Atmosphäre, jene Laotse-hafte Luft erzeugt, in welcher Tun und Nichttun, Schaffen und Leiden nicht mehr zu unterscheiden sind. Von Leonardo da Vinci strahlt ein ähnliches Geheimnis aus, gefährlich lockend wie der Reiz eines Hermaphroditen, dies ist ja oft schon gesagt worden.

Bei weniger aktiven und bedeutenden Personen, als Bettina eine war, wird das Aufgesogensein durch Goethe ja noch unendlich viel deutlicher! Wer sind sie denn, all die Riemer, die Eckermann, die Müller und Meyer, auch Zelter nicht ausgenommen – wer sind sie? Warum leben sie? Warum drucken und lesen wir ihre Briefe? Warum zuckt nach hundert Jahren noch dies Gespensterlicht um alle diese so wenig wichtigen, so wenig großen Figuren? Weil in jeder von ihnen ein kleiner Strahl Goethe nachschimmert. Wahrlich, wenn Goethe 120 Jahre alt geworden wäre, er hätte aus ganz Deutschland eine solche Kruste und gespenstische Spinnwebhülle um seine sich auflösende Person herum gemacht, wie es das Gehäuse seiner Kunst- und Briefsammlungen, Archive und Naturalienkästen war! Nur gab es da und dort Naturen von eigenem Gewicht, mit Eigenbewegung, die ließen sich nicht von der Mumie aufsaugen. Die mußten entweder unter Schmerzen sich von der Sonne Goethe, oder vom Gespenst Goethe, lösen, oder zugrunde gehen, und im Untergang an dem Abgott wenigstens dadurch Rache nehmen, daß in den Augen der Bürger Er an ihrem Untergange schuldig scheinen muß. Wir wissen, wie die Kleist, Novalis, Beethoven an ihm gelitten haben.

Diese fatale, unheimliche und geradezu schauerliche Wirkung eines übergroßen Genies ist ein neuer, tausendster Beweis für die Problematik des Menschen, für die Ungelöstheit und vielleicht Mißglücktheit dieses interessantesten Versuches der Natur. Das Genie, wo es auch auftaucht, wird entweder von der Umgebung erdrosselt, oder tyrannisiert sie; es gilt ohne Widerspruch als die Blüte der Menschheit und richtet doch überall Not und Wirrnis an, es tritt stets vereinzelt auf, zur Einsamkeit verurteilt, ist unvererblich, und hat stets eine Tendenz zur Selbstaufgabe. So stirbt Novalis, unter einem Raketenregen von blühendster Geistigkeit, so bringt Kleist sich um, so flieht Hölderlin, flieht Nietzsche in den Wahnsinn. Und die scheinbar bejahenden Genies, die scheinbaren Optimisten, jene Bürgerlichen, Gesunden, Erfolgreichen, Altwerdenden, sie zeigen im Altern alle diese Tendenz zur Entpersönlichung, welche ebensowohl das Gesicht einer Vergöttlichung wie einer Selbstzerfleischung annehmen kann. Man sehe sich den alten Goethe, den alten Leonardo, den alten Rembrandt an, um den alten Fritz von Preußen, den schrecklichsten dieser Greise, aus dem Spiel zu lassen! Sind das Bejaher? Sind das überhaupt noch Menschen? O ja, Bejaher des Lebens, Bejaher der Natur sind sie alle, aber Verneiner ihrer selbst, Verneiner des Menschen. Je mehr sie sich »vollenden«, desto mehr nimmt ihr Leben wie ihr Werk die Tendenz an, sich aufzulösen, einer geahnten fernen Möglichkeit entgegen, die nicht mehr Mensch, höchstens noch Übermensch heißt, einer neuen Lebensform entgegen, deren niemand sich mehr zu schämen brauchte, auf welche die Natur stolz sein könnte.

Ist es nötig zu sagen, daß diese Betrachtungen beim Anblick jenes alten Geheimrats mit der Weinflasche nicht geschichtlich sind, daß nichts leichter ist, als sie mit gültigen, vollwertigen Beweisen gründlich zu widerlegen? Und warum soll die Bettina, die so viel fabuliert, so viel erfunden, so viel gelogen hat, gerade hier, bei dieser interessanten Szene, ausgerechnet einmal die Wahrheit erzählt haben? Wie leicht ist es zu zeigen, daß die Riemer und Kanzler Müller usw. auch abgesehen von ihrer Goethisierung recht wackere und des Gedächtnisses werte Leute waren! Wie leicht, zu beweisen, daß Goethe, wenn er gerade verliebt oder zornig war, auch noch im hohen Alter sich außerordentlich persönlich, strebsam und egoistisch zeigen konnte!

Darüber ist nicht zu streiten, dies alles ist richtig. Doch, wenn man von jenen Gedanken einmal infiziert ist, verliert zum Beispiel die Frage, ob Bettina vielleicht geflunkert habe, alle Bedeutung. Ist es nicht ganz einerlei, was diese Bettina sagt, ist denn nicht sie selbst, ihre ganze Beziehung zu Goethe, ihr Weinen und Knien in seinem Zimmer neben jener Weinflasche, ist dies alles zusammen denn eine Eigenwelt, mit eigenen Gesetzen, mit freiem Willen zu Lüge oder Wahrheit, ist es nicht vielmehr ein Luftkreis um Goethe, ein Faden seines Geisternetzes, eine Ausstrahlung seines Zentrums?

Jene Gedanken von der Gespenstigkeit des alten Goethe, des alten Rembrandt, des alten Fritz, jene Gedanken von der Tendenz des Genies zur Selbstaufhebung, sei es auch in der sublimierten Form der Entpersönlichung durch sittliche Selbstüberwindung (dies der Weg des Genies Buddha, eines der größten), und jener letzte Gedanke, der diese gefährliche Tendenz des Genies als die Folge der Selbsterkenntnis dessen deutet, der am Menschen, als einem Experiment der Natur, verzweifeln muß – alle jene Gedanken haben keine Möglichkeit, sich durch Beweise zu erwahren, keine Fähigkeit, sich gegen Gegenbeweise zu wehren. Sie kommen uns ungerufen in kontemplativen

Stunden, sind da und haben die unheimliche und gespenstische Tendenz nach jeder noch so sorgfältig ausgeführten Hinrichtung hartnäckig wieder zu erscheinen.

Geschrieben im Jahr 1924

TÜBINGER GOETHE-STUDIEN DES NEUNZEHNJÄHRIGEN HERMANN HESSE AM BEISPIEL DREIER BRIEFE AN SEINE ELTERN

Tübingen, 11.–13. 1. 1896

Ihr Lieben!

[. . .] Daß mein Privatstudium der Ästhetik und Literatur im Einklang mit meinem Berufe steht, erfrischt mich natürlich sehr. Ich treibe noch immer Geschichte der deutschen Literatur von 1790 bis 1890 und hoffe verhältnismäßig bald dies Stück Geistesgeschichte wirklich innezuhaben. Merkwürdig hat sich mir Lernen und Urteil erleichtert, seit ich mich zu Goethe schlug und damit einen bestimmten Standpunkt für die Beurteilung gewann. Es ist eigen, wie von Goethe aus sich auch die neuesten Regungen verstehen lassen. Zum literarischen Evangelium ist mir übrigens nicht »Faust«, sondern »Wilhelm Meister« und »Wahrheit und Dichtung« [sic] geworden. Verliebt bin ich in »Reineke Fuchs«, dessen sorgfältig konstruierte Reliefs ich mit vergnügtem Fleiß und mit einem reinen Genusse studiere, wie ihn das Leben mir nie bietet oder geboten hat. Man wird wieder Kind bei solcher Lektüre und kann doch den gewohnten Ballast dichterischer, ästhetischer Vorbildung mitnehmen, ohne je enttäuscht zu werden. Und dies gilt nicht vom einmaligen Lesen – im Gegenteil, fast alles Goethesche liest sich beim zehnten, zwölftenmal ebenso schön, meist schöner als beim erstenmal. Ich glaube, daß ich im Notfall, etwa in Brasilien[1],

1 Schon als Sechzehnjähriger wollte Hesse nach Rio Grande do Sul auswandern.

meine Bibliothek sehr wohl auf Goethes Werke beschränken könnte. Ich habe versucht, mir ästhetisch diese Ungestörtheit des Genusses Goethescher Werke zu erklären, überhaupt deren zufriedene Ruhe. Der Vergleich mit Schiller liegt auf der Hand. Aber abgesehen davon, daß Goethe naiver, d. h. objektiver Schöpfer ist, fand ich den Hauptgrund in dem Gefühl der Sicherheit, mit dem man

Goethe liest, indem dieser in seiner innern Welt stets eine Art der Stille zu bewahren weiß, oder scheint, ein Letztes, wovon er schweigt, während Schiller immer drängt, eben sein Letztes, Bestes zu opfern, mitzuteilen. Wir haben deshalb bei Schiller in den ergreifenden Momenten stets Angst, es könne ihm der Atem ausgehen, es könne der Punkt kommen, wo es zu Ende ist. Das macht Schiller so liebenswürdig, doch steht meines Erachtens der Genuß von Goethes Poesie ästhetisch höher, indem das Lesen im Schiller dem Betrachten einer himmelan schlagenden Flamme gleicht, die uns nicht durch Form noch Farbe, sondern einzig durch ihr elementares, ideales Emporstreben imponiert, die uns ergreift, weil wir wissen, daß sie sich selbst verzehrt, und fürchten, sie möchte bald vor unsern Augen verwehen. Goethes Schöpfungen sind marmorne Bilder, die wir nicht eines Gedankens, nicht ihrer Taten wegen lieben, sondern allein wegen ihrer sich selbst genügenden stetigen Schönheit und weil wir wissen, daß diese Bilder nicht zerrinnen können, sondern dauerhafter als wir selber sind. Schiller hätte auch einen Faust zeichnen können, aber keinen Wagner und keinen Mephisto, einen Schillerschen Faust würde unversehens ein stolzer Monolog entführen ins Blaue, in den Himmel, und dann wäre kein Strick mehr, ihn zu halten.

Doch all das hat wohl nur für Papa einiges Interesse, auch sollt Ihr nicht fürchten, ich verbohre mich einseitig in Vater Goethe und vergesse andres darüber. Im Gegenteil, Goethe erzieht einigermaßen, vor allem lehrt er Harmonie und eine Art von Takt, die sonst kaum gelehrt und gelernt werden kann.

Das Lesen philosophischer Schriften ist mir verleidet, ich habe es ganz aufgesteckt. Ein leicht erregbarer Mensch muß von dem regen Suchen nach Glück und Wahrheit verrückt werden, der Weltschmerz kommt auch ungerufen und ist, nach meiner Erfahrung, mit den Waffen des Lebens, der Ästhetik, kurz mit allen Waffen leichter zu bekämpfen als mit denen der Philosophie. Was ich bei Goethe fand, scheint mir überhaupt das Beste und einzige, die Kunst nämlich, bei allem Interesse, bei aller Phantasie, al-

ler Beweglichkeit sich doch ein Stückchen Seele, einen Raum in der Brust, still und stumm zu bewahren, damit der Grund ruhig sei, wenn auch oben Stürme gehen, – ein Letztes zu wahren, in das kein Sturm, kein Staub der Welt kommen darf. Dieser Winkel, der einzige, in den keines Menschen Blick dringen kann, dessen Glück niemand belauschen kann, dieser Winkel ist es, aus dem nach den Stürmen der Interessen, der Gedanken, der Leidenschaften, die guten Hausgeister steigen und die bewegte Oberfläche glätten. Halb und halb ist dies wohl der δαίμων[1] des Sokrates, der ein εὐδαίμων[2] sein muß. Gerade in unsrer eiligen Zeit, wo alles aufgehen will in beweglicher Vielseitigkeit, muß dieses Stück jungfräulichen Bodens gewahrt und zum regelnden Schwerpunkt werden.
Heute war ein Jüngling im Laden, der den im Fenster ausgestellten »Gnomon« Bengels[3] kaufen wollte, den er für ein englisches Werk hielt! Das war ein gemähtes Wiesle für unsern Kapp, der sich in Positur stellte und ein Unglaubliches über Bengel, über alte Sprachen, klassische Bildung etc. predigte, während dessen sich der Jüngling beschämt empfahl. Als Kapp gefragt wurde, ob er sich nicht auch bald in der Ehe binden lassen wollte, antwortete er: »Nein, ich bleibe broschiert.« Broschiert ist er allerdings und, wie es scheint, nur erst zur Hälfte aufgeschnitten.

1 δαίμων: Daimon, die warnende innere Stimme der Gottheit bei Sokrates.
2 εὐδαίμων: Eudaimon, die wohlgesinnte innere Stimme.
3 Johann Albrecht Bengel (1687–1752), »Gnomon« (Auslegung des Neuen Testamentes; Erstausgabe 1742). Vgl. auch »Der vierte Lebenslauf Josef Knechts« in »Prosa aus dem Nachlaß«, S. 441 ff., Frankfurt/Main, 1965.

Liebe Eltern! Tübingen, 27. 2. 1896

Der Begriff des Dramatischen ist ein so ganz anderer bei Shakespeare, überhaupt bei den Germanen, als bei den Griechen; und außerdem ist die dramatische Kunst fast von allen diejenige, die meinem Empfinden am wenigsten verwandt scheint, deren Ästhetik mich am wenigsten lockt. Damit mag meine Vorliebe für Goethe zusammenhängen, in dessen Wesen auch das Dramatische nirgends kräftig hervortritt. Außer »Götz« (und der »natürlichen Tochter«?) hat Goethe ja eigentlich auch kein echtes Drama geschrieben, d. h. kein Bühnendrama, und gerade später, als er die Bühne selber als Intendant genau kennenlernte, hat er nichts mehr für die Bühne hervorgebracht. Seinem gesunden Wesen war in dieser künstlichsten aller Künste, in der der Dichter nur halb Dichter sein darf, nicht wohl. Ich glaube, er arbeitete für die Bühne, wie er auch Osteologie oder orientalische Poesie trieb. Ganz anders Schiller. Er war nur dann ganz Dichter, wenn er Dramatiker war, seine Begabung drängte in diese dramatische Spitze, er besaß die schöne, aber beschränkte Einseitigkeit, während Goethe nirgends dramatisch anschaut, nirgends Zwecke sieht, nirgends Absichten hat, sondern sich in der breiten, allseitigen Wirklichkeit wohlfühlte. Einem tollen Mathematiker müßte Schiller als Pyramide oder Kegel, Goethe als Kugel erscheinen. So ist es bezeichnend, daß Schiller in Zeiten, da er das Theater kaum kannte, besser für die Bühne schrieb als Goethe, da er das ganze Theaterwesen kannte. Im Drama muß alles auf den Schluß hin drängen und weisen, und Goethe liebte vielmehr die Gegenwart, die er malte und mit seinen sinnigen Arabesken umrankte, er hat, was er auch schreibt, nur die Absicht, eben dies möglichst vollkommen zu tun, und einem notwendigen Schluß vorhergehende schöne Episoden zu opfern, müßte ihm im Innersten widerstreben. Deshalb bieten seine Dichtungen nicht das, was wir spannende Unterhaltung nennen, was im Wilhelm Meister am deutlichsten ist, der gar keinen Schluß hat, in dem lange, breite Episoden, wie die Bekenntnisse der schönen Seele, sich finden, die der Entwicklung auch einer inneren Handlung in keiner Weise dienen, sondern eben da sind, wie Bäume und Berge, weil sie natürlich gewachsen sind. So Goethes dramatische Figuren, selbst seine Helden! Man darf sie nicht fragen, warum sie so und so reden und handeln, sie stehen da wie Statuen, ohne viel Zweck, existenzberechtigt nur durch ihre fröhliche Fülle und Schönheit. Goethe sagte sich eben, daß die Kunst keinem Zweck dienen dürfe, auch keinem theatralischen, künstlerischen Zweck, gerade wie Statuen nicht dazu da sind, etwa Hüte dran aufzuhängen. Wo diese Anschauung krank wird, wo sie die Selbstherrlichkeit des Poeten auf alles, auf Denken und Leben, anwendet, nenne ich sie Romantik. Wenn die Goethesche Anschauung krank wird, was sie bei Goethe selbst nicht tut, wird sie zur romantischen, und Goethe allein steht fest wie auf festem Boden auf diesem schlüpfrigen höchsten Gipfel, zwischen Real und Ideal, zwischen Griechisch und Deutsch, zwischen Antike und Romantik. Wenn er Romantiker ist, wie manche wollen, so ist er doch der einzige Romantiker, der das Roß der Ottaverime, der Alexandriner und Distichen zu lenken versteht. Hier bemerke ich mit Schrecken, daß es schon 11 Uhr ist; ich muß jetzt ins Bett und kann nur noch Euch gute Nacht wünschen. Nächstes Mal mehr!

[vermutlich nach dem 2. 5. 1896]

Ihr Lieben!

[. . .] Von der griechischen Mythologie glaube ich jetzt einen ordentlichen Begriff zu haben, d. h. von der Theogonie und dem Götterpersonal, über Kultsysteme sowie über die zahllosen halben und Viertelsgötterchen (Faune, Nymphen etc.) bin ich noch ziemlich im dunklen. Doch hat mir die Götterfamilie feste Gestalt bekommen, außer Aphrodite und vielleicht Hera; besonders begreife ich nun Hephäst, Artemis und Hermes, deren Sinn mir vorher ganz unbekannt war. Ich hoffe, in kurzem mit neuem Genuß die Ilias deutsch zu lesen. Über Iphigenie brüte ich wohl noch länger. Daß ich Goethe aus seinem Leben, seine Bildung und deren Quellen zu verstehen beginne, sehe ich nächst dem Werther besonders am Tasso, dessen Ideen mir allmählich klar werden, so daß er mir überraschend reich und reizend entgegenwächst. Ich forsche in Goethes Leben und Briefen, inwieweit er selber zu den verschiedenen Zeiten des werdenden Stückes Tasso oder Antonio war, finde bis jetzt aber nur die undeutliche Meinung, daß er als Antonio nach Italien ging und deshalb davor bewahrt blieb, ganz als Tasso zurückzukommen; er mag Rom als Tasso verlassen haben, in Weimar ist er's nur kurze Zeit noch, hat aber die Antonioperücke doch abgelegt, freilich nur, um sie für später zu schonen. Mit Italien, mit Iphigenie und Tasso beginnt in Goethes Entwicklung das Zweiseitige, Vieldeutige, er ist verändert, er ist vollkommener, selbstbewußter geworden, aber seit Italien ist er der Stillschaffende, Rätselhafte, der dem Volk fremd wird und seine eigne Vergangenheit in zweierlei Licht sieht. Es ist arg schwer, die Dicta des älteren Goethe über

seine Werdezeit richtig zu benützen, sie scheinen trübe, wo sie richtig sind, und umgekehrt, es beginnt jene Doppelwahrheit, der Doppelweg, den man nicht verfolgen kann, ohne die Füße zu weit voneinander zu bringen, und es ist selten eine Mitte da. Aber es lohnt sich, den Riesen zu studieren, der alles enthält, man lernt die Welt, die Kunst, den Menschen, und vor allem sich selber kennen. Goethe scheint oft ein Adler, der fast zur Sonne steigt und doch über sich selber nicht hinausfliegen kann; seine Entwicklung ist so reich, daß ihn die völlige Kenntnis seiner selbst hin und wieder verläßt, daß er im Alter sich zuweilen Dingen (z. B. die nordische Kunst) fremd gegenüberstehen findet, die ihn im Innern ansprechen; das läßt ihn als Greis oft schroff und steinern erscheinen, daß für Dinge, die ihm verwandt wären, in seiner mühsam gerundeten Bildung kein Raum mehr ist – so hätte der junge Goethe dem Faust, den er doch erst spät bezwang, nicht den zweiten Teil angehängt. Tief in Goethes Talent und Charakter liegt der Glaube ans Dämonische, ein Zug, der mit ihm vom Knaben bis zum Greise wächst, und der fertig gewordenen Bildung des Greisen mußte es Bedürfnis, ja Pflicht sein, auch diesen deutsch-romantischen Zug in das Klassisch-Griechische des zweiten Faust zu übersetzen.
Doch Faust wird mich noch nicht so bald ernstlich beschäftigen, sind Iphigenie und Tasso erst begriffen, so muß (Egmont) später vor allem Wilhelm Meister folgen, dann viele Fragmente, dann ein Stück Lyrik, dann die natürliche Tochter etc. etc. bis zum Faust II. Wenn das einmal soweit ist und wenn ich's erlebe, dann werde ich vermutlich wieder bei Lotte und bei Friederike in Sesenheim anfangen und mich wundern, daß mir so vieles und oft das

Beste entgangen ist. Jetzt und wohl mein Leben lang werden mir Tasso und die Lieder der ersten Sammlungen ein Schatz sein, auf den kein Staub kommen darf, und eine Quelle des Genusses, der ewigen Jugend.

REZENSIONEN DER NEUAUSGABEN VON WERKEN GOETHES

GOETHES BRIEFE

Nun sind die Winterabende wieder da, die langen Abende mit Ofenwärme und Lampenlicht, wo man gerne sitzt und ruht und etwas liest, aber nichts Wildes und Heißes, sondern ruhige gediegene Sachen. In den letzten Wochen hatte ich Tiecks Übersetzung des Don Quichotte vor, jeden Abend ein Dutzend Seiten, oft auch zwei, und nun war ich fast betrübt, daß das Buch schon zu Ende ist. Was nun lesen?

Da kam vom Verlag Cotta eine Sendung, Goethes ausgewählte Briefe.

So begann ich denn zu lesen. Anfangs nicht ohne Mißtrauen. Denn, offen gestanden, sind wir doch des penetranten Goethegeschreis herzlich satt und können uns Goethe ohne eine Schulmeistergloriole fast nimmer vorstellen. Und das ist um so peinlicher, je lieber man ihn hat. Schließlich ist er doch, wenn auch meinetwegen ein Halbgott, so doch kein Herrgott, sondern trägt in manchen Dingen stark die Züge seiner Zeit, des 18. Jahrhunderts, und hat auch manche saftige Böcke geschossen. Oder, anders ausgedrückt, es gibt in Wissen und Kunst Gebiete, auf denen man Goethe nimmer ernst zu nehmen braucht. Von eigentlichem Musikverständnis z. B. hat er doch nichts gehabt, und auch sein Verhältnis zur bildenden Kunst hat für uns Heutige viel Antiquiertes, fast Lächerliches.

Ja, so revoltierte mein den Schulmeisteridealen abholdes Gemüt; es dauerte aber nicht lange. Ich las, und nun habe

ich in nicht ganz drei Wochen die vorliegenden drei Bände durchgelesen, still und schlürfend, und brenne jetzt vor Ungeduld auf den vierten. Was in diesen Briefen steckt, das hat noch kein Biograph gesagt und wird auch keiner sagen, das ist ein zartes und starkes, lautes und leises, schön hinströmendes Lied der Kraft und des Lebens, weit über allen Vergleichen. Im ersten Bande stehen die Briefe aus Leipzig, Straßburg und Frankfurt und aus der ersten Weimarer Zeit (bis 1779). Da ist viel anmutiges Getändel und Gefasel neben ersten großen Ahnungen, viel schöne Jugendtorheit und prachtvolle Jugendromantik, viel Irrtum und viel Maske auch – alles momentan, alles Kind des Augenblicks, der Stimmung, der Laune. Da stehen altbackene, altkluge Weisheiten neben schönen, fröhlich blühenden Dummheiten, und in den Liebesbriefen allerlei parfümierte Galanterien neben zitternd erregter Leidenschaft. Es ist so heiter und tröstlich zu sehen, was dieser Goethe in jungen Jahren für ein Taps und Leckermaul und Hanswurst war!
Aber das nimmt schon im ersten Band sein Ende und verklingt in den Weimarer Ton der ersten Zeit, der noch viel harmlos Junges hat, aber mehr und mehr aufs Wirkliche geht, das Leben liebt und sucht und erste Wonnen des Erkennens und Beherrschens atmet. Und von da wird es äußerlich gefaßter, stiller, kühler, und innerlich wärmer, begehrender, sehnlicher, bis zum Rasten auf der Höhe. Diese Briefe sind golden, ein wunderbarer Klimax vom Suchen zum Finden, vom Begehren zum Besitzen. Dabei werden sie immer bescheidener, immer sachlicher, die sogenannten Glanzpunkte sind rar, aber durchs Ganze klingt ein wunderbares Wachsen und Reifwerden. »Ich rekapituliere

in der Stille mein Leben seit diesen fünf Jahren, und finde wunderbare Geschichten. Der Mensch ist doch wie ein Nachtgänger, er steigt die gefährlichsten Kanten im Schlafe. Das muß einen befestigen, daß man mit allem Gu-

Goethe am Fenster
Aquarell von H. W. Tischbein

ten bleibender und näher wird, das andere wie Schalen und Schuppen täglich von einem herunterfällt« (7. Nov. 1780). In den Briefen von 1779 bis etwa 1795 fühlt man, bei immer größerer äußerer Mannigfaltigkeit der Beziehungen und Interessen, eine zunehmende herrliche Kon-

zentration aufs Wesentliche, bei immer wachsender Kühle und Sachlichkeit ein sich befestigendes herzliches Mitleben und Teilnehmen. Hundert Menschen und Ereignisse, Taten, Schicksale und Bücher treten auf, und Goethe steht in der Mitte, weiß überall den Kern und Honig zu finden, fühlt sich überall bis zum Herzen der Dinge durch, wächst und reift. Nicht zum Staatsmann, Künstler, Gelehrten oder Dichter, sondern zum Menschen. Es ist ein Anblick ohnegleichen, wie er von tausend Seiten, auch feindlichen Seiten, Strahlen und Kräfte saugt, wie er das Leben nicht zwingt und vergewaltigt, sondern erlebt und erleidet, aber mit sicherem Auge verfolgt und nur reife Früchte vom Ast bricht. Dabei köstliche Beobachtungen –: »Die Hofmeister junger Fürsten, die ich kenne, vergleiche ich Leuten, denen der Lauf eines Bachs in einem Tal anvertraut wäre, es ist ihnen nur drum zu tun, daß in dem Raum, den sie zu verantworten haben, alles fein stille zugehe, sie ziehen Dämme quer vor und stemmen das Wasser zurück, zu einem feinen Teiche. Wird der Knabe majorenn erklärt, so gibt's einen Durchbruch, und das Wasser schießt mit Gewalt und Schaden seinen Weg weiter und führt Steine und Schlamm mit fort« (11. April 1782).
So weit sind die Briefe erschienen. Mitte der neunziger Jahre ist der Höhepunkt, da ist ein Ruhen und Sichwiegen im Gleichgewicht beherrschter Kräfte, ein Ausschauen nach allen Enden der Welt und der Erkenntnis, und innen eine bescheidene ernste Dankbarkeit und Güte. Schön und köstlich ist es, wie Goethe inmitten von so viel Menschen, Geschäften und Sorgen sein Naturgefühl bewahrt. Beständig erwähnt er, oft mit kraftvoll anschaulichen Worten, das Atmosphärische, Jahreszeit, Wind und Witterung,

und hat innige Fühlung mit dem irdischen und kosmischen Ganzen. Wir wußten das ja längst, es stand in allen Goethebüchern, aber aus diesen Briefen heraus redet es ganz anders, anspruchsloser und mächtiger. Irrtümer und Schroffheiten mangeln dazwischen nicht, aber sie kommen nicht auf neben dem durchdringenden Gefühl fürs Ganze, das dieser seltsame Mensch besaß, dessen Leben in jenen Jahrzehnten den Anblick eines sicher und strahlend durch ungeheure Räume kreisenden Gestirnes hat. *(1904)*

Es ist unnötig und wäre unrecht, neue Worte über den alten Schatz zu sagen, der keinem gebildeten Deutschen fremd sein darf. Das Buch gehört zu denen, die man mehrmals im Jahr wieder für Stunden vornimmt, immer mit dem Gefühl, aus einem Jungborn zu trinken, der niemals zu erschöpfen ist. *(1907)*

Kupferstich von G. O. May, nach 1776

Wenn ich mir in guten Stunden den Werther wieder ansehe, so muß ich sagen, dieser blutjunge Goethe hat, künstlerisch betrachtet, schon so viel gekonnt als je der spätere Goethe, und die Rezensenten, die das Buch, wie üblich, als eine vielversprechende Anfängerarbeit gönnerhaft lobten, hatten sehr unrecht, von dem Anfänger später Besseres zu erwarten. Der Anfänger war längst am Ziel, und so übermenschlich er noch gelernt hat und gewachsen ist, die Wucht und Wärme, den Glanz und die ungeheure Gewalt der Sprache des Werther hat er nie überholt. Oder, um einen Kleineren zu nennen, Jung-Stilling hat in einem langen, schreibseligen Leben keine Seite mehr zustande gebracht, die auch nur einen wohlwollenden Vergleich mit seiner in Jünglingszeiten entstandenen »Jugend« aushalten kann. *(1908)*

Die Leiden
des
jungen Werthers.

Erster Theil.

Leipzig,
in der Weygandschen Buchhandlung.
1774.

Auch von den Leiden des jungen Werther hat der Inselverlag eine Neuausgabe gemacht. Man kann den Werther längst für ein paar Pfennige kaufen; wer aber eine schöne, sehr reizvolle Ausgabe haben oder seiner Dame schenken will, der findet sie hier. Der Verlag hat den Werther samt den Chodowiecki-Küpferchen dazu in einem delikaten Lederbändchen in alter Schrift auf altem Papier so graziös und gelungen wieder gedruckt, daß auch Skeptiker darüber zu Bibliophilen werden können. Das kostbare Büchlein ist neben dem Stilling desselben Verlags und den Musäusmärchen bei Cassirer einer der überlegtesten und wohlgelungensten Neudrucke der letzten Zeit. *(1911)*

Schließlich noch etwas Schönes, was nicht nur die Käufer billiger Bücher sondern auch verwöhnte Bücherbesitzer freuen kann. Der Inselverlag in Leipzig, wohlbekannt durch seine vielen prächtigen Ausgaben und Drucke, gibt jetzt eine kleine Reihe schöner Goethepublikationen billig heraus. Es sind kleine, altväterlich sauber kartonierte, ge-

Illustration zu Goethes Werther
von D. Chodowiecki

schmackvoll gemachte Bücher, je für zwei Mark. Der eine Band enthält die Briefe der Frau Rat in Auswahl, der zweite »Goethes Sprüche in Prosa«, der dritte »Goethes Sprüche in Versen«. Weitere ähnliche Bände sind geplant. Mich haben besonders die Sprüche in Prosa gefreut, das ist ein schweres und unerschöpfliches Buch, eine Sammlung von Sentenzen und Reflexionen Goethes, die so zusammengestellt gewaltig wirken. Wie leuchten da inmitten dunkelstrebender Gedanken und wunderlich lehrreicher Widersprüche einzelne einfache Worte menschlich-ewig heraus! *(1908)*

In den letzten Jahren hat die literarhistorische Mode sich wieder stark gegen Goethe und Weimar hin gewendet, nachdem eine zeitlang die Romantiker obenan gewesen waren. An sich wären ja diese Moden keiner Beachtung wert, sie zeigen das Schwanken der charakterlosen Allgemeinbildung und speziell des wurzellosen Snobismus im Spiegel und bedeuten nicht mehr und nichts anderes als die Kleidermoden jeder Saison. Aber die literarische Mode hat Folgen, die sich nicht übersehen lassen. Dazu gehören in erster Linie die Publikationen und Neudrucke; und so haben wir in den letzten Jahren eine ungewöhnlich große Zahl von Goethepublikationen erlebt, und zwar bezeichnenderweise nicht gelehrte und exklusiv philologische, sondern feine, schmiegsame, geschmackvolle Ausgaben, deren Erscheinen und Absatz deutlich zeigte, daß Goethe wieder stark in Mode ist. Denn mögen die Artikelschreiber sagen was sie wollen, andres als Mode ist es nicht, und dieselben Leute, die Erstausgaben der Romantiker hoch bezahlen und teure Faksimiledrucke der Goethezeit kaufen, machen und machten auch jede andere auf weniger edle und schöne Dinge gerichtete Geschmacksmode unbesehen mit.

Nun, jedenfalls verdanken wir diesem neuerwachten Goetheinteresse eine Reihe schöner Neudrucke und andrer Bücher, und besonders der Leipziger Inselverlag hat sich hier angestrengt und verdient gemacht. Es sei vor allem auf seine schönen, billigen, in jeder Hinsicht lobenswerten Zweimarkbände hingewiesen: die Briefe der Frau Rat – Goethes Sprüche in Prosa – Goethes Sprüche in

Reimen – Goethes Tagebücher, eine Reihe von geschmackvollen Auswahlbänden, die hoffentlich größte Verbreitung finden. Nebenbei sei erwähnt, daß neuestens in einem solchen Zweimarkband desselben Verlags auch die Erzählungen Kleists erschienen sind, die hübscheste Ausgabe, die wir von diesen herrlichen Novellen haben.

Marianne von Willemer
Portrait von J. J. Lose, um 1809

Nun kommt als Neuestes, von Philipp Stein herausgegeben, *Goethes Briefwechsel mit Marianne von Willemer.* Die erst so spät (durch Herman Grimm) publik gewordene Liebschaft Goethes, eine seiner erfreulichsten und lieblichsten, nimmt sich zwar in Philologen- und Editorenfingern so wenig gut aus wie jede Liebschaft jedes Dichters und jedes biographische kleine Schnüffelwerk, aber die Briefe freuen uns nun doch. Marianne ist, um in Kürze daran zu erinnern, jene von Willemer adoptierte reizende Schau-

spielerin, sie ist die Suleika des »Divan« und die Dichterin mehrerer von den dort stehenden Suleikaliedern.
Gleichzeitig gab der Verlag die *Gespräche mit Eckermann* neu heraus, von Franz Deibel besorgt, der den dritten Teil der alten Ausgaben chronologisch in die beiden ersten eingeordnet hat. Die Ausgabe in zwei starken Pappbänden kostet fünf Mark und wird bei diesem mäßigen Preis und ihrem vorzüglichen Druck sich gewiß gut einführen. Bei dieser Gelegenheit sei auch nochmals an die prächtigen Ausgaben der Briefe von Goethes Mutter und der Briefe Goethes an Frau von Stein erinnert, die im selben Verlag erschienen sind. *(1909)*

Kaum ist die schöne Inselausgabe der Briefe Goethes an die Frau von Stein erschienen, da kommt bei Diederichs in Jena eine gleichzeitig vorbereitete, ebenfalls dreibändige, ebenfalls sehr schöne Ausgabe heraus. Besorgt ist sie von Jonas Fränkel, der eine sehr sympathische Einleitung mitgibt, die man mit reinem Genuß lesen kann.
Welche Ausgabe soll man nun wählen, die von Diederichs oder die des Inselverlags? In der Anordnung sind die Abweichungen zu gering, als daß das entscheiden könnte. Die Inselausgabe hat, scheint mir, den angenehmeren Druck. Dafür bringt Diederichs in der seinen eine große Reihe schöner Reproduktionen, darunter sechsundzwanzig Handzeichnungen von Goethe. Schade, daß nun die zwei kostbaren Editionen konkurrieren müssen! Wir hoffen, es möchten beide dankbare Freunde finden, und zwar so viele, daß sie ohne Schaden neben einander gut bestehen können! *(1909)*

Der Verlag Morawe & Scheffelt in Berlin beginnt eine »Goethebibliothek«, die uns solange willkommen sein soll, als sie ihren Anfängen treu bleibt und uns nicht die Ansichten heutiger Oberlehrer über Goethe, sondern wertvolle Dokumente der Goethezeit selbst bringt. Die beiden ersten, hübsch aussehenden und nobel gedruck-

J. P. Eckermann
Kreidezeichnung von J. J. Schmeller, 1828

ten Bändchen enthalten die »Beiträge zur Poesie« von Eckermann und den »Goethe aus näherem persönlichem Umgange dargestellt« von Johannes Falk. Das Buch von Eckermann ist jenes, auf dessen Lektüre hin der alte Herr den jungen Ästhetiker zu seinem Hausgenossen machte, und man begreift das wohl, denn der artige junge Eckermann ist schon in dieser ersten Publikation ganz vom

Goetheschen Faltenwurf umgeben. Es stehen gescheite und richtige Sachen darin, aber keine originellen, und alle sind in jenem lieben, sauberen, etwas altklug überlegenen Eckermannstil vorgetragen, der uns immer wohlig an Goethe selber erinnert, ohne je ganz echt und auch ohne je Karikatur zu werden.

Das Buch des Johannes Falk ist ein Vorgänger des Eckermann, wennschon ein unbedeutenderer. Falk verkehrte in

Johannes Falk
Portrait von H. Westermayr, 1805

den Jahren 1807 bis 1810 viel bei Goethe und hat in seinem Büchlein Gespräche mit ihm aus jener Zeit gesammelt und wohl auch stark redigiert, denn sein Goethe redet oft wirklich wie ein Buch. Aber vieles ist sicher authentisch, und alles, was von Goethe direkt kommt, wird uns immer willkommen und wertvoll sein. Mehr spaßhaft ist dann der Anhang, ein Falk'scher Kommentar zum Faust, der in seiner drolligen Deutungslust uns eindringlich davon erzählt, wie überraschend und verwirrend die Dichtung auf die Damaligen gewirkt haben muß und wie sie in Goethe eine Art von Zauberer sahen, an dem jede Gebärde, und oft gerade die geringste, Olympisches bedeuten kann. Für uns liegt die Bedeutung aller dieser Publikationen darin, daß Goethe eben auch uns noch fast unheimlich lebendig und rätselvoll ist. Wir suchen seine Spuren und finden sie überall, in allen Gebieten des geistigen Lebens seiner Zeit, und nahezu überall ist er unter den Führern und Vordersten, und in der Zeit, da eine Art von Goetheschülerschaft in den Männern der Grimm- und Humboldtkultur mächtig auf dem Wege zu einer wahren deutschen Bildung war, liegt heut noch der Keim und heimliche Wegweiser zu dem, was wir suchen und brauchen und über das wir immer wieder lieber Goethe reden hören als unsere braven, fleißigen Kulturprediger von heute. *(1911)*

Über »Goethes Eckermann« hat Heinrich Hubert Houben ein kleines Buch geschrieben (Verlag Zsolnay, Wien). Man hat sich über die Goethe-Philologie oft lustig gemacht, und oft mit Recht, doch hat sie auch ihre edle Seite. Sie hat übrigens nicht erst nach Goethes Tod begonnen, sie war im Weimar der Goethezeit schon weit ausgebildet, und Eckermann gehört zu ihren Mitschöpfern. Man lebte im Haus Goethe ja nicht privat, sondern im vollen Licht der Öffentlichkeit, ein Teil der Gespräche in diesem Haus hatte den Charakter von Interviews. Eckermann nun ist wohl der merkwürdigste aller Goethephilologen gewesen und auch der, dem wir am meisten verdanken. Sein Leben (1792 bis 1854) hat Houben fleißig und gelegentlich etwas kleinlich durchforscht. Wir haben ja von Eckermann sehr viel gewußt, seine »Gespräche« sind das gelesenste Werk der Literatur um Goethe. Aber wir wußten immer nur von dem Weimarer Eckermann, der für uns ein Anhängsel des alten Goethe war. Hier lernen wir diesen armen und wunderlichen, aber liebenswerten Menschen sehr genau kennen, er hat, von den Stunden mit Goethe abgesehen, ein recht armes, erfolgloses und unbefriedigtes Leben gehabt, das Leben eines Besessenen und zugleich schwer Gehemmten, eines Ehrgeizigen mit mäßigem Talent.

(1935)

(Aus Bonniers Litterara magasin«, Stockholm, September 1935)

Mit der von Erich Schmidt besorgten sechsbändigen Ausgabe ist endlich ein volkstümlicher Goethe geschaffen, der noch mancher Verbesserungen bedürfen mag, dessen ganzer Typ aber bestehen bleiben wird. Was nun noch fehlt, das ist ein wirklich populäres Buch über Goethe, eine knappe, kräftig schöne Monographie fürs Haus.

Einstweilen arbeiten die Goethephilologen fleißig weiter und fördern neben vielem Kleinlichen doch auch immer wieder schöne, wertvolle Dinge zutage.
»Goethes Leipziger Studentenjahre« stellt Julius Vogel in einem hübschen Buche dar. Wie es schon im Stoffe liegt, bleiben die äußeren Zustände im Vordergrunde, und es kam so ein sauber und gut gearbeitetes Kulturbild zustande, an dem nicht nur Goetheforscher Freude haben kön-

nen. Viele Bilder beleben das Werkchen und verstärken den elegant-frohen, heiteren Eindruck jener Zeit und jenes Kreises um Gellert, Oeser und die Schönkopfs. Inmitten steht noch unfertig der junge Goethe, zwischen vielen Einflüssen schwankend und im frohen Morgenlicht einer regen Jugend lachend.

Im selben Verlag (Klinkhardt und Biermann, Leipzig) gab Ernst Traumann sein Buch »Goethe der Straßburger Student« heraus. Das hübsche Buch, ebenfalls mit vielen Bildern, ist eine musterhafte Monographie, nicht nur fleißig studiert und klug geordnet, sondern auch voll schöner Wärme und Kraft. Es ist die beste Darstellung von Goethes Straßburger und Sesenheimer Monaten, deren bewegte Tiefe und köstliche Anmut Traumann wohl erfühlt hat. Beim Lesen und Bilderbesehen geht einem dabei auch wieder einmal das Bild des alten Straßburg auf, das erst die neueste Zeit so grausam und gründlich verdorben hat. – Beide Bücher, die auch vereinigt in einem Sammelbande käuflich sind, seien mit dankbarer Anerkennung empfohlen.

Eines der wertvollsten Goethewerke ist nun auch nach jahrelanger Arbeit neu und vervollkommnet herausgekommen, »Goethes Gespräche« von Biedermann (fünf Bände, Verlag F. W. von Biedermann, Leipzig). Da ist neben den bekannten Quellen von Eckermann, Sorel, Kanzler Müller und so weiter alles treu gesammelt, was an wertvollen direkten Äußerungen von und über Goethe zusammenzubringen war, von der Kindheit bis in die letzten Tage. Das chronologisch geordnete Werk stellt also eine fortlaufende Biographie dar, und es ist ein eigener und großer Genuß, Goethes Leben so im Spiegel seiner jeweiligen Umgebung zu lesen, wo auch die kritischen und tadelnden Stimmen nicht fehlen. Außer den Briefwechseln gibt es kein Goethebuch, das so unmittelbar die persönliche Ausstrahlung dieses Menschen wiedergäbe, das ihn so greifbar im Gewirre seiner tausend Beziehungen zeigte, vielhundertfach gespiegelt und beleuchtet und doch unerschöpft über der Vielfältigkeit schwebend. Den Dank, den alle ernsteren Goethefreunde längst dem ersten Herausgeber der wundervollen Sammlung schuldig waren, dürfen wir nun wohl auf dessen Sohn übertragen, der diese Neuausgabe schuf. Alles Lob verdient auch die Leistung des Verlags, der trotz der gewaltigen Vermehrung des Stoffes das ehemals sehr teure Werk nun zu einem auffallend niedrigen Preise ausgegeben hat. So stellen nun die fünf Bände eine der wertvollsten und dankeswertesten Publikationen der neueren Goetheliteratur vor. *(1911)*

Eines der wunderlichsten und wunderbarsten Bücher der ganzen Literatur erscheint im Inselverlag in einer neuen, ergänzten und bereicherten Ausgabe: »Der junge Goethe«. Das ist eine Sammlung aller erreichbaren Äußerungen, Aufzeichnungen, Briefe, Verse, Aufsätze und anderer Dokumente von Goethes Jugend, das heißt der Zeit vor Weimar. Die neue Ausgabe umfaßt sechs Bände, von denen fünf fertig sind, und ist seit der einst von Salomon Hirzel geschaffenen ersten Ausgabe um Vieles und überaus Wertvolles bereichert. Max Morris hat sie besorgt und sich damit ein großes Verdienst erworben.

Ich weiß, man ist vielfach der vielzuvielen Goethebücher satt. Aber hier handelt es sich nicht um ein entbehrliches Stück sekundärer Literatur, nicht um die Theorie oder den Fleiß eines Sammlers und Philologen, sondern um eine Zusammenstellung von Äußerungen, die in der Weltliteratur eigentlich ohne Vergleich ist. Und wir mögen der Bücher über Goethe müde, ja wir mögen sogar ganz ketzerisch goethemüde sein, hier werden wir aufs neue hingerissen und stehen mit Herzklopfen vor diesem reichen Bilde einer wilden, vollen, brausenden Jugend, wie sie uns seit den heroischen Zeiten kaum von einem anderen Menschen berichtet wird.

Es ist ein einziger und aufregender Genuß, dem Lauf dieser Jugend zu folgen, die Vielfältigkeit dieser Beziehungen, Begabungen, Interessen und Kräfte spielen zu sehen und zu verfolgen, wie aus dem tosenden Strudel dieser unvergleichlichen Lebenskraft und Wildheit, aus dem Vielerlei der Einflüsse und Anziehungen heraus sich die

Persönlichkeit bildet, noch ohne die festen Umrisse der jungen Mannesjahre, aber dafür auch noch ohne den Schatten von Resignation und bewußter Stilisierung, alles noch blumenhaft selbstverständlich in seinem üppigen Wuchern, alles noch naiv in seinem triebhaften Drängen, alles noch liebenswürdig in seiner ungebrochenen Jugendanmut: Zugleich steigt mit diesem Jugendbildnis das Bild der Zeit und Kultur herauf, deren glänzendster Ver-

Goethe im Jahre 1791
nach der Zeichnung von J. H. Lips

treter und eigentliche Blüte der junge Goethe war, so daß wir die Elemente von Sturm und Drang alle rein und gesteigert in ihm finden, der bald schon höher wuchs und die ersten Schritte in eine weit höhere Kultur schon getan hatte.

Dabei ist diese Jugend so unliterarisch! Geselligkeit und Verliebtheit, Geburtstage und Namenstage, Spielereien und Scherze jeder Art schwimmen auf diesem breiten Strome mit und die Entwürfe großer Dichtungen reifen am selben Zweige wie die übermütigsten Launen und Streiche. Es ist ein kräftiges, bis ins Herz erfrischendes Bad, betrachtend durch diese Bände zu gehen und das vielfältige Treiben dieses jungen Menschen zu verfolgen, der das Leben bejaht hat wie kein anderer und der dazu mehr Recht hatte als irgend ein anderer. *(1911)*

Auch die »Klassiker« sind dem Wechsel der Zeiten unterworfen. Je nach dem Geist einer Zeit werden sie sehr verschieden geschätzt und von verschiedenen Seiten betrachtet; dazu kommt das allmähliche Veralten der äußeren Formen, das immer wieder Erneuerungen, Neuübersetzungen, Anpassungen notwendig macht. Den eigentlichen Fachleuten, den Philologen und Literarhistorikern, fällt dabei in der Hauptsache lediglich das treue Bewahren der Schätze zu; sie müssen dafür sorgen, daß die alten Texte unangetastet bewahrt werden, so daß bei Verschiebungen des Geschmacks und der Bedürfnisse ein zuverlässiges Fundament wieder da sei, auf dem man bauen kann. Außerdem ist es die Aufgabe der Wissenschaftler, alles Neugefundene, alle Entdeckungen und Funde zu registrieren, zu datieren und ins Museum zu stellen, wo sie benützen kann, wer sie braucht. Die eigentliche fortwährende Neugestaltung der alten Literatur im Verhältnis zu den Bedürfnissen des Tages aber ist nicht Sache der Philologen, sondern gehört zur produktiven Literatur, wie denn auch die Mehrzahl der besten Übersetzungen der Weltliteratur von »Dilettanten« stammt.

[. . .] Der größte und schönste literarische Fund der letzten Jahre, die erste Fassung des Wilhelm Meister, ist unter dem ursprünglichen Titel »Wilhelm Meisters theatralische Sendung« bei Cotta in einer von Harry Maync besorgten, schönen und billigen Ausgabe erschienen. Man sollte meinen, so ein Fund müßte ganz Deutschland aufregen und man hätte eine Zeitlang unter gebildeten Männern und Frauen von nichts so viel reden hören müssen, als von diesem herrlichen Funde. Aber es steht anders um unsre Kultur, und wie soll ein Leservolk, das zwar Schundblätter zu hunderttausenden verschlingt, den Wilhelm Meister aber in seiner alten, seit bald hundert Jahren vorliegenden Form wenig mehr kennt, wie soll dies Leservolk sich viel um die ursprüngliche Fassung dieses größten deutschen Romans bekümmern! Nun, ein paar Tausend werden immerhin da sein, denen dieser »Urmeister« ein Erlebnis und eine innige Freude bedeutet. Man hat darüber gestritten, ob er schöner und wertvoller sei als Goethes spätere Fassung, aber man kann ebenso gut darüber streiten, ob der Frühling schöner sei als der Sommer. Hier, in diesem Urmeister, ist Goethescher Frühling, reich und blühend, aber ich möchte doch den späteren Meister dafür nicht hergeben; allein schon sein Anfang, jene paar namenlos suggestiven, zwingenden Seiten, ist dem Anfang des neugefundenen Werkes weit überlegen. Was der Urmeister Neues bringt, ist vor allem die Jugendgeschichte Meisters und dann eben ein unersetzliches, prächtiges Stück Goethescher Jugendprosa; wir tun am besten, nicht zu vergleichen und namentlich nicht zu kombinieren, sondern den neuen Fund als ein Werk für sich zu nehmen. Es gewinnt auch biographisch und psychologisch ein Interesse dadurch, daß es die heimliche Arbeit jener zehn Weimarer Jahre ist, in denen Goethe fast völlig auf die poetische Arbeit verzichten zu müssen meinte. Für den Goethe der Zeit zwischen dem Werther und den »Lehrjahren« ist nun diese »Sendung« entschieden das wichtigste Dokument. – Die Ausgabe ist schön und, von dem wertvollen Vorwort abgesehen, ganz frei von philologischem Ballast.

Goethes »Dichtung und Wahrheit« hat der Münchener Verleger Martin Mörike in einer musterhaften populären Ausgabe ediert, beinahe achthundert Seiten mit Bildern gebunden für zwei Mark. Man sieht, Volksausgaben können billig sein, ohne häßlich sein zu müssen. Und man freut sich und wünscht diesen Mörikedrucken viele Nachfolger. *(1912)*

Goethe im Hause von H. Rapp
Stuttgart, 1797

Ich glaube, es sind sehr wenige, es ist vielleicht nicht einer unter unseren Dichtern und Literaten, in dessen Gesamtwerk später einmal das Beste das sein wird, was er heute im Zorn der Stunde gesagt und geschrieben hat. Es ist auch unter ihnen, soweit sie überhaupt ernst zu nehmen sind, nicht einer, dem Körners Vaterlandslieder im Herzen lieber wären als die Gedichte jenes Goethe, der sich vom großen Befreiungskrieg seines Volkes so merkwürdig fernhielt.

Ja eben, rufen jetzt die Nurpatrioten, dieser Goethe ist uns immer verdächtig gewesen, er war nie ein Patriot, und er hat den deutschen Geist mit jener milden, kühlen Internationalität verseucht, an der wir lang gelitten haben und die unser deutsches Bewußtsein merklich geschwächt hat.

Da sitzt der Kern der Frage. Goethe war nie ein schlechter Patriot, obwohl er Anno 1813 keine Nationallieder gedichtet hat. Aber über die Freude am Deutschtum, das er kannte und liebte wie nur einer, ging ihm die Freude am Menschentum. Er war ein Bürger und Patriot in der internationalen Welt des Gedankens, der inneren Freiheit, des intellektuellen Gewissens, und er stand in den Augenblicken seines besten Denkens so hoch, daß ihm die Geschicke der Völker nicht mehr in ihrer Einzelgewichtigkeit, sondern nur noch als untergeordnete Bewegungen des Ganzen erschienen.

Mag man das einen kühlen Intellektualismus schelten, der im Augenblick ernster Gefahr zu schweigen habe – es ist dennoch der Geist, in dem die besten deutschen Denker und Dichter gelebt haben. An ihn zu erinnern und an die Mahnung zu Gerechtigkeit, Mäßigung, Anstand, Menschenliebe, die er enthält, dazu ist es jetzt mehr Zeit als je. *(1914)*

Mit einem höchst gedankenvollen Vorwort von Paul Ernst hat der Verlag Bruno Cassirer in Berlin die »Novellen und Märchen« Goethes in einem wunderschönen Bande für Freunde feiner Bücher herausgegeben. Paul Ernst erinnert besorgt daran, wie oft Goethes Läßlichkeit von schlechten Dilettanten zum Vorbild oder doch zur Entschuldigung gebraucht wurde. Er sieht die größte Gefahr der deutschen Dichtung in der Neigung zum Dilettantismus, in der Unterschätzung der bewußten formenden Arbeit, in der Überschätzung des Persönlichen, Momentanen, des Einfalls, der Stimmung. Damit leuchtet er freilich in eine finstre Ecke unsrer Kunst, und ich kann mir denken, mit was für Gefühlen dieser Verehrer und Pfleger des Willens zur strengen Form die Erzeugnisse unsrer Jüngsten lesen mag, in welchen überall die Zuckungen des Augenblicks herrschen und jede Erinnerung an eine Formüberlieferung mit Fanatismus getilgt wird.

Da indessen diese jüngste Dichtung (man denke an Werfel, Stadler, Trakl) in all ihrer Bilderstürmerei Kräfte und Strebungen zeigt, deren Lebendigkeit und Wirkungsmöglichkeit unbestreitbar ist, muß es doch wohl im deutschen Wesen eine ernsthafte Kraft geben, welche dem Formwillen widerstrebt – eine Kraft, nicht bloß eine Trägheit. Wie in Goethe das Zuwarten, das krampflose Schwimmen in dem, was die Tage brachten, ebensoviel Kraft als Läßlichkeit bedeutete.

In Goethes Novellen sieht Paul Ernst ein Zeugnis für den Meister Goethe, für den nicht läßlichen, nicht dilettantischen Goethe. Man kann, wenn man von der anderen

Seite herkommt, in der geschliffenen Form der Neuen Melusine und andrer Stücke auch lediglich auf ein gelegentliches Spiel schließen, worin Goethe sich mit den Mustern Voltaire, Diderot, auch Wieland zu messen ein Gelüst verspürte und man kann, etwa in der »Novelle«, gerade wieder von einem Hinauswachsen des Stoffes über die Form sprechen, von einem auf einengende Formung verzichtenden Staunen vor dem Göttlichen.

So oder so, die Erzählungen Goethes sind jedenfalls eine

Pappeln an der Saale
Tuschzeichnung von Goethe, 1806

merkwürdige Sonderwelt und Provinz im Werke Goethes. Mir sind die schönsten von ihnen, vor allem die »Novelle« und das »Märchen«, immer wie in einem magischen Lichte erschienen, Spiel mit der Form zu heiligster Verehrung des nicht zu Formenden aufblühend, seltsame, seltene Gegenstücke höchster europäischer Dichtung zu den ähnlich magischen Gebilden der Chinesen, womit ich für mich etwas unendlich Hohes und Feines sagen will.

Aber der Krieg? Aber was sollen wir heute mit Märchen

anfangen? Ja ist es wirklich nötig, auch Goethe jenen Verlegerzettel in die Hand zu geben, der uns ernsthaft darüber aufklärt, daß gerade in dieser ernsten Zeit eine solche Lektüre —. Nein, das bleibe uns erspart. Dies Buch ist nicht zeitgemäß, weil gelegentlich der Krieg darin vorkommt oder weil Goethe ein großer Deutscher war; es ist zeitgemäß und wird es immer sein, weil es eben bessere Bücher nicht gibt. *(1915)*

Die durchwachsene Rose
aquarellierte Zeichnung von Goethe

Das Wertvollste, was meiner Bibliothek in diesem Jahre zugewachsen ist, ist mein Goethe. Damit ist es mir seltsam gegangen. Ich habe seit dem vierbändigen stockfleckigen Hausgoethe meiner Knabenzeit viele Ausgaben von Goethes Werken besessen, benützt, gelesen, ich habe Ausgaben auf Abzahlung mit ersparten Taschengeldern erworben, und Ausgaben umgetauscht, und schließlich war es erst nichts damit; ich saß da mit fünfzehn Bänden einer sehr schön ausgestatteten Ausgabe, deren Fortgang zwar seit Jahren versprochen, aber nie erfolgt war, und die nun vollends durch die Kriegszeit abgeschnitten scheint. Die Lederrücken und die schöne Type halfen mir nichts, wenn ich immer und immer wieder ein Gedicht, einen Aufsatz, eine der kleineren Jugenddichtungen suchte und nicht fand, und ich sah zu spät, daß mein jetziger Goethe schlechter war als mein erster vor bald zwanzig Jahren. Hingegen besaßen Freunde von mir einen sehr guten Goethe, die sogenannte »Jubiläumsausgabe« des Cottaschen Verlages. Ihre etwas langweiligen Leinenbände sahen weniger hübsch aus als das dunkle Leder der meinigen, und der Druck war zwar sehr gut und fast üppig, aber nicht so apart und erlesen wie der Druck in der meinen; aber wenn ich in dieser Ausgabe etwas suchte, so fand ich es immer, fand es sogar rasch und sicher mit Hilfe eines sehr guten Registerbandes, und auf die Dauer schien mir das so gut und so schätzenswert, daß die Reize meiner Lederausgabe darüber mehr und mehr verloren und daß ich mir endlich vornahm, nochmals meinen Goethe zu wechseln und nun, nach zwanzig Jahren diverser Versuche und Pröbeleien, mir die Cottasche Jubiläumsausgabe zu erwerben. Je mehr der fortdauernde Krieg mich wieder zur Goethelektüre als zur reichsten Quelle des Trostes und der Beruhigung führte, und je mehr eben durch den Krieg ein Fortschreiten meiner erst halbvollständigen Ausgabe unwahrscheinlich wurde, desto ungeduldiger wartete ich, nachdem ich ihn bestellt hatte, auf den Stuttgarter Jubiläumsgoethe in einundvierzig Bänden. Jetzt steht er da, Rücken an Rücken und schon da und dort ernstlich angebraucht, und ich bin zufrieden und habe den Lederrücken, so hübsch sie waren, keine Stunde nachgetrauert. Übrigens ist diese Stuttgarter Ausgabe nicht bloß von einer schönen Vollständigkeit (nicht im Sinne eines Goethe für Goethephilologen, der erscheint ja längst in Weimar, wohl aber im Sinne einer Ausgabe für Haus und Studierzimmer jedes Lesers, dem die verstümmelten Dutzendausgaben nicht genügen!), sie ist nicht nur sehr gut und verständig angeordnet, textlich zuverlässig und bequem im Gebrauch, sie ist auch schön und solid, und dabei merkwürdig billig. Die Leinenbände sind mir noch ein klein wenig störend, sie sind gar nicht häßlich, aber so ein wenig befangen und unfrei zwischen Altmodisch und Modern, und wenn wir bessere Zeiten hätten, möchte ich sie mir gerne umbinden lassen. Aber die Reihe der einundvierzig Rükken ist mir ungemein lieb geworden, und wenn mir wieder einmal einer von jenen, welche gern über Bücher reden ohne je eins zu kaufen, mit dem dummen alten Gerede kommt, die deutschen Bücher seien alle so teuer, hübsche billige Ausgaben gäbe es nur bei den Franzosen, dann will ich ihn vor meinen Goethe führen und ihm einen Band in die Hand geben und ihn fragen, ob er ein einziges französisches Buch kennt, das bei diesem Umfang, diesem Papier, diesem Druck und Einband so wenig kostet. Nein, ich bin kein Barde des Patriotismus, aber vor solchen Leistungen (der gebundene Band von etwa vierhundert Seiten auf starkem, gutem Papier kostet zwei Mark) stehe ich mit einem gewissen Erstaunen und mit dem Gefühl: Es ist doch ganz gut, daß aus dem Deutschland Goethes mit der Zeit auch noch ein Deutschland des Geldes, der Maschinen und der Berechnungen geworden ist! Die Verleger können ja doch auch rechnen, und ein solcher Goethe wäre nicht da, wenn es nicht manches Tausend von Käufern für ihn gäbe. Und wenn ein Viertel oder Drittel oder gar die Hälfte dieser Käufer ihren Goethe nur herumstehen lassen und nur äußerlich besitzen, so wollen wir andern uns darüber nicht aufregen, sondern es als den üblichen Lauf der Welt hinnehmen und uns freuen, daß jene Mitgänger uns so schöne Dinge ermöglichen. *(1915)*

Goethe zu Pferde
um 1810

»BRIEFWECHSEL ZWISCHEN GOETHE UND ZELTER«

Dieser reichhaltigste und vielleicht interessanteste Briefwechsel Goethes ist auffallend wenig populär geworden. Man darf ihn recht wohl dem mit Schiller an die Seite stel-

Carl Friedrich Zelter
Portrait von C. Begas, 1827

len. Auch führt er über dreißig Jahre hin und zeigt den älteren Goethe so vielseitig und so aus der Nähe wie kaum ein anderes Dokument. Übrigens sind auch die Briefe von Zelter keineswegs nur in ihrer Beziehung auf Goethe merkwürdig und lesenswert, sie sind zum großen Teil an sich selber voll Interesse, voll Gescheitheit, Charakter und einer munteren, oft prächtig frischen Darstellungskraft, namentlich die Briefe von den größeren Reisen. Der Austausch Goethescher Musikgedanken und Musikbedürfnisse mit einem der solidesten Vertreter damaliger guter Schule ist allein schon vom höchsten Interesse. Ich erinnere mich noch wohl daran, wie ich in den Jünglingsjahren davon überzeugt war, Goethe habe von Musik keine Ahnung gehabt, weil ich es ihm übelnahm, daß er Beethoven nicht ganz und Schubert gar nicht erkannte. Seither habe ich längst gesehen, wie falsch es war, von dem konservativen Goethe andere Urteile zu erwarten, und wie nah und herzlich trotzdem sein Verhältnis zur Musik gewesen ist, ja wie sehr viel er davon verstanden hat. *(1915)*

An Stelle des 1916 in zwei Bänden erschienenen Briefwechsels Goethes und seiner Frau Christiane tritt nun diese Auswahl in einem starken Bande. Die Veröffentlichung jenes Briefwechsels stieß damals da und dort auf Widerspruch, so als handle es sich um erotischen Klatsch ohne Wert. Goethe hat indessen manchen Briefwechsel

Goethes Frau Christiane
Portrait von F. Bury, 1800

mit langweiligeren Leuten als Christiane geführt, die Briefe dieser resoluten, tapferen und vergnügten Frau machen sie einem aufs neue sympathisch, und Goethes Briefe an sie zeigen deutlich, wie sehr er an ihr hing. Goethes Liebesverhältnis und Ehe mit der Vulpius ist viel kritisiert worden, lange Zeit war es guter Ton, diese Ehe als ein Unglück und eine Unwürdigkeit anzusehen. Es liegt dazu kein wirklicher Grund vor, und wir tun besser, Goethe und sein Leben so zu betrachten, wie es war, als so, wie wir es etwa wünschen möchten. Aus diesem zum Teil entzükkenden Briefwechsel, an dem auch das Kind August beteiligt ist, gewinnt man von Goethes Frau ein durchaus sympathisches und recht lebendiges Bild. Sie war weder geistreich noch sehr gebildet, dafür aber ein gesunder, naiver, regsamer Mensch, und ihrem Manne gerade mit jener hausfraulichen Treue zugetan, die ihm Bedürfnis war.

(1921)

Chronik von Goethes Leben, zusammengestellt von Fl. v. Biedermann. Inselbücherei.

Als junger Mann, in der Zeit um 1900, hatte ich lange Zeit in meinem Pult eine Handvoll Blätter liegen, auf denen ich versuchte, alle mir erreichbaren Daten von Goethes Leben aufzuzeichnen und zu ordnen. Ich habe sie in späteren Jahren verloren, und meine einstige Wißbegierde wandte sich, obwohl ich zeitlebens ein Goetheleser blieb, anderen Zielen zu, einige ihrer Ergebnisse findet man in meinen Ausgaben der Lebensdokumente von Hölderlin, Novalis, Schubart usw. – Und nun kommt heute dies kleine unscheinbare Büchlein des bewährten Fachmannes mir in die Hand und erfüllt alle Wünsche meiner Jugendstudien so exakt wie nur denkbar. Mir ist es lieber und scheint es wertvoller als alle die Hymnen an Goethe, die zu seinem 100. Todestag erschienen sind und erscheinen werden. Ich werde es oft benützen. *(1932)*

SOLL DAS FRANKFURTER GOETHEHAUS WIEDER AUFGEBAUT WERDEN?
(ANTWORT AUF EINE UMFRAGE)

»Ich muß Ihre Frage, ob auch ich diese Aufgabe als lebenswichtig, ja heilig anerkenne, rückhaltlos bejahen. Vielleicht ist die Zahl der Menschen, in Deutschland wie

Das neu errichtete Goethe-Haus
in Frankfurt a. Main

in außerhalb, heute noch nicht so sehr groß, welche vorauszusehen vermögen, als welch vitaler Verlust, als welch trauriger Krankheitsherd, sich die Zerstörung der historischen Stätten erwiesen hat. Es ist damit nicht nur ein großes, edles Gut vernichtet, eine Menge hoher Werte an

Tradition, an Schönheit, an Objekten der Liebe und Pietät zerstört; es ist auch die bildende und durch Bilder erziehende Umwelt der künftigen Geschlechter, und damit die Seelenwelt dieser Nachkommen, eines unersetzlichen Erziehungs- und Stärkungsmittels, einer Substanz beraubt, ohne welche der Mensch zwar zur Not leben, aber nur ein hundertfach beschnittenes, verkümmertes Leben führen kann.

Darum begrüße ich Ihren Plan und wünsche ihm von Herzen Gelingen.«

Hermann Hesse

(1947)

Es ist gewiß nicht Aufgabe der Gelehrten, heute etwas Neues, Überraschendes, Originelles über Goethe zu sagen. Das ist viel mehr Sache der Laien, und ich erinnere mich, daß unter allen Goethe-Vorträgen, die ich im Gedächtnisjahr 1932 gelesen habe, der eines recht mäßigen Goethekenners mir weitaus den stärksten Eindruck gemacht hat, nämlich der von Paul Valéry. Wenn ein gelehrter Goethekenner heute ein Werk über Goethe schreibt, so erhoffe ich mir davon vor allem einen neuen Schritt in der Einordnung Goethes in die Geschichte, ein Aufzeigen seiner Wirkungen und Nachwirkungen. Über dies Thema gibt es nun zwei Bücher, die mir besonders interessant und gehaltvoll scheinen: Fritz Strich's »Goethe und die Weltliteratur« und Reinhard Buchwalds »Goethezeit und Gegenwart«, dessen lockender Untertitel »Die Wirkungen Goethes in der deutschen Geistesgeschichte« nicht zu viel verspricht. Das Thema ist so anregend und unausschöpflich wie möglich, liebenswert die Urbanität seiner Urteile, und besonders überraschte, ja entzückte mich der ganz neue Aspekt, den in dieser Darstellung die Literatur der berühmten Goethe-Gegner der Zeit bis etwa 1850 gewinnt.

(1949)

Beinahe jede, scheinbar noch so genaue und mit Zitaten noch so gut belegte Äußerung über Goethe bringt, wenn man sie auf den Kopf stellt und umdreht, die Überraschung, daß im Grunde das Gegenteil ebenso wahr und richtig ist. Er war den Deutschen der große Klassiker und Antiromantiker, und war gleichzeitig für mehrere nichtdeutsche Literaturen der große Bahnbrecher und Vertreter dessen, was sie unter Romantik verstanden. Er war den christlichen Frommen seiner Zeit der freche Heide und gefährliche Amoralist, und wurde späteren Generationen zum Lehrer der Ehrfurcht und Menschlichkeit. Und so hat er noch viele Gesichter, und jedes ist ein Janusgesicht und hat seine nicht minder klare und evidente Kehrseite. Die deutsche Literatur in den Jahrzehnten nach seinem Tode sah in ihm häufig den überwundenen Konservativen, ja Reaktionär, aber nur damit er von späteren Lesern als Aufrüttler und Revolutionär entdeckt werden könne. Überall ist seine Gestalt zu groß und seine Wirkung zu weitgreifend, um von einer einzigen Generation ganz erkannt werden zu können, und immer ist er, wenn die Deuter ihn noch in Weimar meinen, schon in Jena.

So ist es auch mit Goethes Verhältnis zum Nationalen. Er, der feinfühligste Liebhaber und Bewunderer aller nationalen Eigenarten und Leistungen auf geistigem Gebiet, war das Gegenteil eines Patrioten, und man hat ihm denn auch bis heute tausendmal den Vorwurf gemacht, er habe für die politischen Geschicke seines Volkes kein rechtes Herz gehabt und habe Napoleon bewundert statt den Marschall Blücher. Heute nun, wo jeder weltoffene Geist im Überwinden des Nationalismus, das heißt des Mißtrauens und der Unfähigkeit zu brüderlicher Zusammenarbeit zwischen den Nationen, die politische Hauptaufgabe unserer Epoche sieht, heute ist Goethes Haltung plötzlich wieder vorbildlich und das Gegenteil von unzeitgemäß. Es wird der Welt zugute kommen, wenn sie darauf achtet, und es wird in hohem Maße Deutschland und seiner Wiederaufnahme in die Gemeinschaft der Völker zugute kommen, daß es in Goethe einen Lehrer der Ehrfurcht vor den Leistungen des Volksgeistes und zugleich einen Lehrer der Bereitschaft zu Verständnis und Zusammenarbeit zwischen den Völkern hat. *(1949)*

RESO KARALASCHWILI
DAS GOETHE-BILD IN HERMANN HESSES SCHAFFEN

Hermann Hesse und Goethe. Dieses Thema erlaubt vielerlei Möglichkeiten der Betrachtung. Man könnte beispielsweise auf von Goethe geprägte Ideen wie die der »Weltliteratur« oder der »pädagogischen Provinz« eingehen und ihre Schicksale und Wandlungen im Œuvre von Hermann Hesse verfolgen; oder man könnte in das Dikkicht der Syntax hinabsteigen und Melodie und Rhythmik der Sprache des einen mit der des anderen vergleichen; auch die Untersuchung des Symbolgewebes eines etwa um 1825–31 geschriebenen Werkes und dessen Konfrontation mit der Symbolik eines hundert und mehr Jahre später entstandenen Romans könnte, wie dies die Arbeit eines amerikanischen Kritikers gezeigt hat[1], überaus produktiv sein; und endlich wäre die Feststellung, welche Spur Hesses langjährige Beschäftigung mit Goethe in seiner Weltanschauung hinterlassen hat, ebenfalls ein Gewinn für die Literaturwissenschaft. An derartigen Versuchen hat es auch nicht gemangelt.[2] Wir wollen aber all das beiseite lassen und das Goethe-Bild hier als eine Chiffre, als eine poetisch verdichtete und von dem geschichtlichen Phänomen Goethe abgehobene Figur betrachten, die zum Symbol und Träger bestimmter, Hesses Schaffen immanenter Inhalte geworden ist. Der Akzent wird dabei auf der Formulierung liegen müssen: »grundlegend für Hesses Werk«, nicht für unsere kritische Sicht, denn weder können, noch wollen wir uns Hesses Auffassung in allem aneignen.

Die Gestalt Goethes hat sowohl dem Dichter wie auch

dem Denker Hesse stets viel bedeutet und sein Lebenswerk wesentlich beeinflußt. Die eingehende Beschäftigung Hesses mit Goethe reicht weit in die Tübinger Zeit zurück (1895–97), in der er sich fast ausschließlich dem Studium Goethes gewidmet hat, und läßt auch in späteren Jahren nicht mehr nach. In einer seiner zahlreichen Betrachtungen bemerkt Hesse, daß unter allen deutschen Dichtern gerade Goethe ihn am meisten »beschäftigt, bedrängt, ermuntert« und »zu Nachfolge oder Widerspruch gezwungen hat«, daß Goethe derjenige sei, dem er »am meisten verdankt«.[3]

Hermann Hesse kannte Goethe als Humanisten, Ideologen und Erzieher; er hat sein Leben lang seine zauberhaften Gedichte geliebt, hat ihn als den Geheimrat und Minister beargwöhnt und als den Literaten bewundert. Stets war ihm der Künstler Goethe ein Vorbild, der Freund Schillers – ein gültiges Beispiel, der Briefschreiber und Gesellschafter –, ein dem Leben zugewandter Geist der Mahnung. Aber keine dieser Erscheinungen war es, die ihn anzog, die eine magische Wirkung auf ihn übte, ihm keine Ruhe ließ und ihn zwang, immer und immer wieder auf Goethe zurückzukommen.

Am meisten faszinierte Hesse Goethes Persönlichkeit. Denn diese war für ihn eine deutliche und außer allem Zweifel stehende Verwirklichung seiner Vorstellung vom vollkommenen Menschen.

Das Ideal eines wahren Menschen und einer »königlichen« Persönlichkeit bildet den innersten Kern und Mittelpunkt von Hermann Hesses Weltanschauung. Die vollkommene Persönlichkeit, der wahre Mensch – der Unsterbliche – ist das wichtigste Ziel der langjährigen künstlerischen Anstrengungen und Forschungen des Dichters, es ist jener geheimnisvolle Punkt, der den magischen Kern seines Schaffens bildet, den er jahrzehntelang hervorhebt und beschwört, den ins Wort und Bild zu fassen, Hesses nachhaltigstes künstlerisches Anliegen ist, und der bis zum Tode sein Wegweiser und sein, trotz aller Zeitbedrängnis, nicht nachlassender Magnet geblieben ist. Jedes Individuum ist für Hesse nicht eine feste und vollendete Gestaltung, sondern »ein Wurf der Natur nach dem Menschen hin«[4], ist ein Versuch der Natur, ihre eigenen Schranken zu sprengen, ihre Grenzen zu überwinden und am Geist teilzuhaben. Der Mensch ist zunächst nur Material, nur Möglichkeit, er ist nur Versuch und Übergang – »er ist nichts andres als die schmale, gefährliche Brücke zwischen Natur und Geist«[5]. Der Geist ist seine Absicht und Bestimmung, welche von der höheren Zielsetzung der Natur zeugt. Ihm entgegen führt der Weg der Menschwerdung. Aber auf diesem schweren Weg ist der Mensch großen Gefahren ausgesetzt, stets begleitet ihn die Sehnsucht nach Heimat, Mutter und Natur. Zwischen diesen beiden Mächten, zwischen Geist und Natur, schwankt und zaudert sein Leben, eine Brücke und einen Übergang bildend.[6]

Für Hesse stellt sich der Mensch auf der ersten Stufe seiner inneren Entwicklung – bevor er sich von der Natur losgelöst hat – als eine androgyne Ganzheit dar, die ein unschuldiges und verantwortungslos-harmonisches Kinderdasein führt. Von da führt der Weg in die Schuld, in das Wissen von Gut und Böse, welches die Differenzierung des Menschen und seine Entwicklung ins Einseitige oder Dissonante zur Folge hat – eine Entwicklung, die fast unweigerlich in die Verzweiflung mündet. Die höchste, die überzeitliche und hermaphroditische Stufe der Menschwerdung stellt eine Wiederholung und Fortsetzung, eine höhere Art des ersten Stadiums dar. Diese Stufe erreichen nur die Vollkommenen, welche die Harmonisierung ihrer inneren Welt vollbracht haben, den Vater mit der Mutter, den Geist mit der Natur versöhnen und die entgegengesetzten Pole ihres Wesens in Einklang bringen können. Nur diese Erwählten und Begnadeten wagen den Sprung in den Weltraum, nur ihnen gelingt es, aus dem Kreatürlichen und Irdischen ins Kosmische vorzustoßen. Die anderen aber, welchen die zum Durchbruch erforderliche Kraft versagt ist, sind gezwungen, sich mit dem Alltag zu begnügen, müssen ihn bejahen, um noch leben zu können; für die Unendlichkeit berufen, müssen sie mit der Endlichkeit vorliebnehmen. Die wenigen aber, die sich trotz allem losreißen, die zur »reinen Menschlichkeit« und die zum Nur-Geist Strebenden, gehören zu den Tragischen und gehen unter. Zu diesen Unglücklichen und zum Untergang Verdammten zählte Hesse Novalis und Hölderlin. An ihrem Schicksal werden die psychologischen und biologischen Grenzen des Menschen sichtbar. Jeder Mensch als eine Übergangserscheinung und ein auf dem Wege von der Natur zum Geist befindliches Wesen besteht aus zwei Seiten und entgegengesetzten Polen. Nach dem Geiste hin, zum Vater, ruft ihn seine innerste Bestimmung, an die Natur und Mutter bindet ihn seine innigste Sehnsucht. Das Verschmähen und Vernachlässigen eines der beiden Pole kann schwere Folgen haben und bedeutet einen Rückschritt vom Ideal des wahren Menschen. Man soll das Sinnliche und Natürliche im eigenen

Wesen nicht geringschätzen, man soll es nicht fliehen, denn das Streben zum Unbedingten und zum Nur-Geist führt unweigerlich zum Untergang. Dieses tragische Ende hat Hölderlin selbst schon vorausgeahnt: »Es kommt alles darauf an«, schrieb er, »daß die Vortrefflichen das Inferiore, die Schönern das Barbarische nicht zu sehr von sich ausschließen, sich aber auch nicht zu sehr damit vermischen, daß sie die Distanz, die zwischen ihnen und den anderen ist, bestimmt und leidenschaftslos erkennen und aus dieser Erkenntnis wirken und dulden. Isolieren sie sich zu sehr, so ist die Wirksamkeit verloren, und sie gehen in ihrer Einsamkeit unter.«[7] Die volle Bedeutung dieser Worte tritt nach Hesse nur dann zutage, wenn man sie nicht nur als Aufforderung zur Anerkennung der Außenwelt und Wirklichkeit auffaßt, sondern auch als Forderung zur Bejahung der naiven Sinnlichkeit und der unbewußten Seiten der eigenen Seele. Hermann Hesse faßt diesen Gedanken in die Sprache der modernen Psychologie: der Edle und Vortreffliche soll sein Sinnenleben nicht allzu einseitig dem triebfeindlichen Geist unterwerfen, weil jede Regung unserer Sinnlichkeit, deren Sublimierung nicht gelingt, uns auf dem Wege der Verdrängung schwere Leiden zufügt. »Das war Hölderlins individuelles Problem«, schreibt Hesse, »und er ist ihm erlegen. Er hat eine Geistigkeit in sich hochgezüchtet, welche seiner Natur Gewalt antat . . . er hat ein Beispiel von Vergeistigung angestrebt, das im Versuch mißglückte.«[8]

Das Ideal des vollkommenen Menschen ist nach Hesse ein hermaphroditisches Ideal. Nur der vermag ihm zu entsprechen, dem es gelingt, das Mütterliche und das Väterliche des eigenen Wesens in Einklang zu bringen, der die

dionysische und die apollinische Seite der eigenen Natur zu einem harmonischen Zusammenspiel bringt, der die Kraft besitzt, die entgegengesetzten Pole in einer höheren Synthese zu vereinigen. In einem solchen Menschen schließen diese Pole sich nicht aus, die Stärkung und Entwicklung einer Seite vollzieht sich nicht auf Kosten der anderen, vielmehr bedingen und ergänzen sie einander; jeder dieser Pole existiert in ihm nur insofern, als der Gegenpol ihm dazu Anlaß und Gelegenheit gibt. Deshalb bringt die Entwicklung einer Seite folgerichtig auch die andere zur Blüte. Das Leben eines vollkommenen Menschen ist somit eine fortwährende Fluktuation zwischen Natur und Geist, ist ein beständiges Hin und Her zwischen den beiden Grundmächten und Grundpfeilern der eigenen Person, ist ein zweistimmiger Gleichklang. Geist und Natur, Intellekt und Sinnlichkeit, der Wille zur Handlung und zur Kontemplation, Gebundenheit und Revolte, das Weibliche und das Männliche regieren und steuern ein solches Leben, wie das Ein- und Ausatmen den Respirationsprozeß. Keinem wird der Vorrang eingeräumt, keiner wird übergeordnet, die Hauptsache ist ihre Wechselbeziehung und Aufeinanderbezogenheit, oder vielmehr das Ergebnis dieser Wechselbeziehung – die Respiration, das Leben.
Das hermaphroditische Ideal der menschlichen Vollkommenheit ist ein zeitloses Ideal. Alles, was an die Zeit gebunden, der Zeit untergeordnet ist, ist Differenzierung, Aussonderung und Entwicklung ins Einseitige. Die Natur selbst ist ewig, weil sie ihrem Wesen nach androgyn ist. Alles, was sich auf dem Wege der Differenzierung befindet, ist dem Zeitstrom anheimgegeben und deshalb sterblich. Es gibt nur einen Weg der Befreiung aus den

Ketten der Zeit, und dieser Weg ist der der hermaphroditischen Vervollkommnung. Diesen Weg gehen die Vollendeten und Unsterblichen Hermann Hesses: Leonardo, Mozart, Goethe – Menschen, welche für den Dichter zum Etalon wahren Menschentums geworden sind und die er den ins Einseitige entwickelten und zum Idealen strebenden tragischen Genies entgegensetzt.
In Hesses Weltanschauung ist der Begriff Mensch auf die Transzendenz bezogen und hat eine mythische Nebenbedeutung. Denn ein Dichter hält den Menschen nicht nur für ein Sozialprodukt oder nur ein gesellschaftlich-ökonomisches Phänomen, auch nicht für eine Kreatur, die sich ausschließlich den physikalisch-biologischen Gesetzen fügt, sondern vor allem für ein Experiment, einen Versuch der Natur, die eigenen Grenzen zu durchbrechen und am Ganzen teilzunehmen. Jedes Individuum ist »ein Wurf der Natur nach dem Menschen hin«. Wenn Hesse vom Menschen spricht, so versteht er darunter den Endpunkt der Menschwerdung, das Ziel jeder wahren Anstrengung und Entwicklung. »Es ist hier nicht die Rede«, schreibt er einmal, »vom Menschen, den die Schule, die Nationalökonomie, die Statistik kennt, nicht vom Menschen, wie er zu Millionen auf den Straßen herumläuft und von dem nichts andres zu halten ist, als vom Sand am Meer oder von den Spritzern einer Brandung: es kommt auf ein paar Millionen mehr oder weniger nicht an, sie sind Material, sonst nichts. Nein, wir sprechen hier vom Menschen im hohen Sinn, vom Ziel des langen Weges der Menschwerdung, vom königlichen Menschen, von den Unsterblichen.«[9] Somit läßt sich Hesses Vorstellung nicht mit der bürgerlichen Auffassung vom Menschen gleich-

setzen, ja, sie stellt sogar deren endgültige Negation dar; der Mensch ist laut Hesse eine Forderung des Geistes, eine ferne und ersehnte Möglichkeit, deren Verwirklichung nur auf Kosten der »bürgerlichen Persönlichkeit«, nur auf Kosten des Individuums und seines Ich möglich ist.
Dieser Gedanke wird am besten durch den altindischen Satz von der Zweidimensionalität der menschlichen Seele veranschaulicht. Die Inder unterschieden im Menschen zwei Ich: das niedere Ich, das subjektiv, empirisch, durch die Kausalzusammenhänge determiniert, dem Zeitstrom unterworfen, von den Verlockungen und Versuchungen der äußeren Welt abhängig ist, und das höhere Ich, welches schon un- und überpersönlich, ja göttlich ist – frei von allen Leidenschaften, frei von der Zeit und deshalb unsterblich –, das Ich, das als die im Menschen potentiell angelegte göttliche Möglichkeit verstanden werden darf. Der Sinn der menschlichen Existenz ist demnach die Verwirklichung des potentiell Seienden, oder wie dies G. Mayer formuliert hat, »das dynamische Streben des niederen zum höheren Ich«.[10] Der Mensch soll erkennen »avam aham asmiti« (Ich bin jener und nicht dieser), er soll voraussehen, daß nur sein höheres Ich ihn erlösen, mit sich selbst und der Natur in Einklang bringen kann.
Hermann Hesse folgt hier fast Schritt für Schritt den alten Indern, die er mit zu seinen Erziehern zählt. In einem seiner Briefe finden wir folgende Äußerung: »In jedem von uns sind zwei Ich . . . Unser subjektives, empirisches, individuelles Ich, wenn wir es ein wenig beobachten, zeigt es sich als sehr wechselnd, launisch, sehr abhängig von außen, Einflüssen sehr ausgesetzt . . . Dann ist aber das andre Ich da, im ersten Ich verborgen, mit ihm vermischt, kei-

neswegs aber mit ihm zu verwechseln. Dies zweite, hohe, heilige Ich (der Atman der Inder, den sie dem Brahma gleichstellen) ist nicht persönlich, sondern ist unser Anteil an Gott, am Leben, am Ganzen, am Un- und Überpersönlichen.«[11] Somit versteht Hesse, gleich den Indern, unter dem Menschen nicht dessen niedriges Ich, nicht das soziale oder biologische Individuum, nicht den mediokren Menschen der bürgerlichen Konvention, welcher nie für ihn zum Maßstab werden konnte, sondern das höhere Ich, das der Mensch als eine ideale Möglichkeit stets in sich trägt und deren Verwirklichung ihn auf kosmische Bahnen bringt und in transzendente Regionen führt. So schreibt Hesse: »Ich glaube an den Menschen als an eine wunderbare Möglichkeit, die auch im größten Dreck nicht erlischt und ihm aus der größten Entartung zurückzuhelfen vermag, und ich glaube, diese Möglichkeit ist so stark und so verlockend, daß sie immer wieder als Hoffnung und als Forderung spürbar wird, und die Kraft, die den Menschen von seinen höheren Möglichkeiten träumen läßt und ihn immer wieder vom Tierischen wegführt, ist wohl immer dieselbe, einerlei ob sie heut Religion, morgen Vernunft und übermorgen wieder anders genannt wird.«[12]

Für Hesse ist es demnach die Bestimmung des Menschen, das reale und empirische Ich offen und entwicklungsfähig zu halten für die in jedem Menschen angelegte stufenweise Läuterung und Erhöhung dieses Ich durch Identifikation mit dem Göttlichen.

Es wurde bereits erwähnt, daß jede Geburt eine Trennung vom All, eine Aussonderung und Entfernung von Gott bedeutet. Das Göttliche existiert von dem Moment an nur noch als eine im Individuum keimende Möglichkeit. Die Rückkehr ins All und die Wiederannäherung an Gott ist folglich mit dem Absteigen ins eigene Innere und mit dem Entdecken jener Möglichkeit verbunden. Nur der wird die verlorene Einheit zurückgewinnen und aus der Vergänglichkeit in die Ewigkeit zurückkehren, der die Kraft besitzen wird, auf seine Subjektivität und seine empirische Persönlichkeit zu verzichten, der den göttlichen Funken in sich zur lodernden Flamme entfacht, der es zustande bringt, »seine Seele so erweitert zu haben, daß sie das All wieder zu umfassen vermag«.[13] Alle Vollendeten und Unsterblichen, alle wahren Menschen – Goethe und Mozart, Leonardo und Buddha sind diesen Weg gegangen. Den Endpunkt und das ideale Ziel dieses Weges bildet die höchste »kosmische« Stufe des Menschwerdungsprozesses – wenn der Mensch über die Grundlagen der Realität und Empirie hinausgelangt und in das Kosmische vorstößt. Hier erreicht die Seele den Zustand der Vollkommenheit, da sie sich kraft der Annäherung an das Göttliche von allem Subjektiven, Privaten und Vergänglichen befreit.

Wenn das Entwachsen aus aller empirischen Individualität und das beständige Streben des Menschen nach Verwirklichung der ihm innewohnenden Möglichkeit den Hauptaspekt von Hermann Hesses Ansichten bildet, so muß daraus als wichtigste Eigenschaft und Beschaffenheit des Menschen seine Wandlungsfähigkeit und seine Bereitschaft zum Transzendieren folgen. In einem Brief von 1956 hebt er diesen Gedanken deutlich hervor: »Ich sehe den Einzelnen, soweit er mich überhaupt interessiert, immer als einmaliges Individuum, einmalig, aber nicht unveränderlich, und worauf ich neugierig bin, das ist nicht das gesellschaftliche Verhalten der Einzelnen, sondern die Wandlungsfähigkeit, die Möglichkeit zum Transzendieren aller Kategorien.«[14] Wandlungsfähigkeit und innere Aktivität sind folglich die bestimmenden Eigenschaften des zur Vervollkommnung seiner selbst strebenden Menschen. Die Wandlungsfähigkeit meint eine Offenheit dem Schicksal gegenüber, eine Bereitschaft zu Aufbruch, Neubeginn und künftigen Entwicklungen. Das individuelle Leben, dessen Endziel das Erreichen der wahren Menschlichkeit ist, soll nach Hesse in kontinuierlichen Enthüllungs- und Verpuppungsprozessen eine ständige Annäherung an das Göttliche sein. Es soll, wie dies der Magister Ludi einmal zusammenfaßt, in einem »entschlossen-heitern Durchschreiten« der Lebensstufen, in einem fortlaufenden »Erfüllen und Hintersichlassen« aller Räume bestehen.

In einer Betrachtung beruft sich Hesse auf Yang Tschou, der einmal sagte, das Verhalten des Menschen zum Leben könne das eines Herrn oder Knechts sein.[15] Diese Fragestellung spielt bei Hesse im Gegensatz zur europäischen Tradition eine bedeutende Rolle. Er faßt den Dienst als das wichtigste Kennzeichen einer vollkommenen Existenz auf und hält ihn für das Grunderlebnis des wahren Menschen, was auch erklärt, warum die Mehrzahl seiner Helden Knechte und Diener sind. Die Wurzeln dieser Haltung Hesses reichen ebenfalls zurück in den Fernen Osten.

Der Taoismus hat das Bild des vollkommenen Menschen und Weisen geprägt, der allein durch das eigene Vorbild seine Wirkung auf die Welt ausübt. Dieser Mensch strahlt Güte und Beispiel aus. Er streitet nicht und erstrebt nichts.

Ruhe, Demut, Nachgiebigkeit, Toleranz und Frömmigkeit sind seine wichtigsten Eigenschaften. Seiner Einstellung und Haltung nach ist dieser Mensch ein Diener. »Der höchst Gute ist wie Wasser. – Wasser ist gut, allen Wesen zu nützen, und streitet nicht; es bewohnt, was die Menschen verabscheuen. – Darum ist es nahe dem Tao.«[16] Das Wasser ist das willfährigste Naturelement. Es paßt sich allen Verhältnissen an; es ist Bild und Symbol tiefster Demut. Trotz seiner Milde und Elastizität symbolisiert das Wasser aber zugleich den Herrscher. Nichts kann seiner unsichtbaren und langsamen Wirkung widerstehen. »Nichts in der Welt ist weicher und schwächer als Wasser, und doch nichts, was Hartes und Starkes angreift, vermag es zu übertreffen, es gibt nichts, wodurch es zu ersetzen wäre. Schwaches überwindet das Starke, Weiches überwindet das Harte.«[17] Der vollkommene Mensch ist nachgiebig und willfährig wie das Wasser. Seine überlegene Kraft tritt im Vertrauen und Dienen zutage. Genauso wie das Wasser kraft der Nachgiebigkeit und Unterordnung zum Besitzer und Gebieter von Flüssen und Quellen wird, so erhebt sich der Weise durch die Liebe und den Dienst am Nächsten über diesen und regiert ihn. »Wodurch Ströme und Meere die Könige der hundert Flüsse zu sein vermögen, ist, daß sie sich ihnen unterordnen. Darum vermögen sie die Könige der hundert Flüsse zu sein. Daher: der heilige Mensch, wünscht er über dem Volk zu sein, muß mit dem Wort sich ihm untertun, wünscht er dem Volk voranzugehen, muß er mit der Person sich ihm nachstellen.«[18] (Vgl. bei Tschuang-Tse: »Wer sich nicht in unbedingter Weise aufgibt, kann nicht der Herrscher sein.«[19]). Das Wasser stellt das weibliche Prinzip dar. Jeder von uns hat in sich das Weibliche, welches dem Männlichen, dem Starken, Aktiven, Autoritären und Gebieterischen entgegensteht. Der wahre und vollkommene Mensch, der die Allmacht und Größe des Wassers vor Augen hat, räumt dem Weiblichen den Vorrang vor dem Männlichen ein. Er weiß: »Das Weib überwindet den Mann stets mit Ruhe, mit Ruhe ist es untertan.«[20] Diesen Gedanken, der Ausdruck einer Forderung zu Unterordnung und Dienst am Leben ist, kann man im Tao Tê King häufig antreffen. »Wer seine Mannheit kennt, an seiner Weibheit hält. Der ist das Strombett aller Welt. Ist er das Strombett aller Welt, die stete Tugend nicht entfällt. Und wieder kehrt er ein zur ersten Kindheit.«[21]

Das Motiv des Dienens wird für den späten Hesse besonders wichtig. Auch der Held seines letzten Romans war ein Diener der Einheit alles Seienden. Sein ganzes Leben lang war Josef Knecht bestrebt, seine Existenz mit dem Tao in Einklang zu bringen, sich der Fluktuation der Weltmächte anzupassen und seine Entwicklung dem ewigen Wandlungsprozeß des Alls unterzuordnen. Seine Tätigkeit in der kastalischen Provinz war nichts anderes als ehrfürchtiger Dienst, seine Person war völlig in ihrer hierarchischen Funktion aufgegangen, welche der Orden ihr auferlegte. Und doch kommt der Tag, wo Knecht aus der Provinz ausbricht und Kastalien verläßt. Und auch dieser Schritt war nicht Willkür, sondern Dienst und Gehorsam. Es war Gehorsam seinem Gewissen gegenüber, der höchsten Instanz, die auch dem »Dienenden« keinerlei Stagnation und Dissonanz zuläßt. Es war ein Schritt ins Herz der Welt und ins Zentrum der Wahrheit, so daß auch Knechts letzte Tat, sein Opfertod im eiskalten Wasser des Hochge-

birgssees nur als Ausdruck des Dienstes an der Einheit und am Ganzen gedeutet werden kann, so paradox dies klingen mag. Dieser Tod beweist bis ins Letzte die Wandlungs- und Erneuerungsfähigkeit alles Lebendigen.
Dienst bedeutet bei Hesse, wie auch bei den alten Chinesen, den Verzicht auf eigene Wünsche und Neigungen, er bedeutet die Hingabe des Ich an die Wandlung – die Entselbstung und Entpersönlichung. Der vollkommene Mensch folgt dem Vorbild von Himmel und Erde. Diese aber wurzeln im Tao und spiegeln das ewige Gesetz. »Der Himmel ist bleibend und die Erde dauernd. Himmel und Erde können deshalb bleibend und dauernd sein, weil sie sich nicht selbst leben. Darum können sie bleiben und dauern. Daher: Der heilige Mensch setzt sein Selbst hintan, und sein Selbst kommt voran. Er entäußert sich seines Selbst, und sein Selbst wird bewahrt.«[22]
Der Heilige und Vollkommene ist der Diener des Ewigen. Dieses Ewige aber befindet sich in seinem Innern – ist sein höheres Ich. Deshalb führt sein »Weg nach Innen«, und die Entselbstung, die Negation des empirischen Ich bedeutet: »Des Heiligen Tun ist seine Brust, nicht Augenlust;«[23] »Seine Ausgänge schließt er / Macht zu seine Pforten / Er bricht seine Schärfe / Streut aus seine Fülle / Macht mild sein Glänzen / Wird eins seinem Staube.«[24]
Der wahre Mensch – wie ihn sich Hermann Hesse vorstellt und wie er uns in der Lehre vom Tao entgegentritt – sieht überall in der Welt die Einheit. Aber diese Einheit ist kein außerhalb seiner selbst existierendes Phänomen, vielmehr bringt der Mensch selbst Ordnung und Einheit in die Welt, so daß die Einheit des Alls auch als innere Einheit des Vollkommenen und Heiligen definiert werden

darf. In diesem Sinne treffen auch Worte wie diese ins Schwarze: »Die auswegslos in Spirituelles und Materielles auseinanderklaffende Welt wird *ganz*, wenn die Seele des Menschen ganz wird. Wer sich selbst findet, findet das Geistige in der Welt, findet im Geistigen das Irdisch-Ganze.«[25] Nur der Vollkommene empfindet die Einheit des Alls. Tao wird, wie dies Martin Buber treffend formulierte, »nur durch seine unbewußte Berührung mit dem bewußten Sein des Geeinten lebendig und offenbar.«[26] Und Tschuang-Tse formuliert diesen Gedanken auf folgende Weise: »Der Vollendete versöhnt Yin und Yang, die die Ureinheit des Seins zerscheiden.«[27]

Wahr und vollendet ist somit derjenige Mensch, der zwei entgegengesetzte Pole und Potenzen seines Inneren – Geist und Leib, das Väterliche und das Mütterliche, Yang und Yin in Harmonie und Einklang bringt: »Wer dem Geist die Seele eingibt und Einheit umfängt, kann ungeteilt sein.«[28]

Für einen solcherart vollkommenen Menschen hielt Hermann Hesse Goethe. In ihm sah er die Verwirklichung und Verkörperung seines Traumes vom wahren Menschen, vom »Unsterblichen«. Hier sah er die Realisierung seiner Vorstellung von Versöhnung und Zusammenspiel der entgegengesetzten Pole der menschlichen Natur und vom Kontakt des menschlichen Lebens mit den kosmischen Regionen. Goethe stellte er den Einseitigen, den Idealisten und tragischen Genies – Hölderlin, Novalis und Beethoven – gegenüber. Hesse selbst befand sich sein ganzes Leben lang auf dem Wege zu dieser Synthese, »zu Goethe«, dessen Existenz und Wirkung seine eigene Haltung bestärkt und bestätigt hat.

Goethe bedeutete für Hesse die Inkarnation des altchinesischen Ideals vom vollkommenen Menschen und Weisen. Sein Leben war für Hesse »die Ermöglichung und Begründung eines vom Geist regierten Lebens«[29], und dieser Umstand war es auch, der die Gestalt Goethes so anziehend für ihn machte. »So klar und so liebenswert mir das Bild des zauberischen Dichters Goethe erscheint«, schrieb er, »so klar ich auch den Literaten und Lehrer Goethe zu sehen glaube – hinter diesen Gestalten steht, durch sie hindurchscheinend, noch eine andere Gestalt. In dieser, für mich höchsten Goethegestalt vereinen sich die Widersprüche, sie deckt sich nicht mit der einseitig apollinischen Klassizität noch mit dem die Mütter suchenden, dunklen Faustgeist, sondern besteht eben in dieser Bipolarität, in diesem Überall-und-nirgends-Zuhausesein.«[30] »Er war immer vorhanden«, setzt Hesse fort, »er hat sich nur oft lange verborgen. Er ist zeitlos, denn alle Weisheit ist zeitlos. Er ist unpersönlich, denn alle Weisheit überwindet die Person.«[31]

Für Hesse war Goethe ein aus der Gefangenschaft seines Ich ausgebrochener, ein entpersönlichter und entselbsteter Mensch, ein Individuum, dessen Leben eine augenscheinliche Verwirklichung der echten Menschlichkeit darstellte, eine Persönlichkeit, die inmitten ihrer Weimarer Existenz, inmitten zahlreicher Sammlungen und diesseitiger Verhältnisse ein überpersönliches und kosmisches Dasein zu führen vermochte. Goethes Leben war für Hesse Symbol und Gleichnis einer wahren Existenz. Im Leben dieses Mannes ist es möglich geworden, die antagonistischen Pole zusammenzubiegen und zum harmonischen Zusammenspiel zu bringen. Überall-und-Nirgends-zu-sein,

die Ewigkeit und Tao zu erzielen. Das Wunderbare und Magische in Goethes Persönlichkeit war für Hesse die Verwirklichung seines Ideals vom vollkommenen Menschen, sein ewiges Auf-dem-Weg-Sein, seine Entschlossenheit zum Weitereilen, zum Vermeiden jeder Stagnation, zum Verlassen aller Lebensstufen, die Befreiung aus dem Subjektiven und Privaten und die Auflösung in der Einheit. »Es enthüllt sich die Tendenz des alten Goethe«, schreibt Hesse einmal, »aus der Haft einer nahezu überkultivierten Persönlichkeit ins Überpersönliche, ins Anonyme hinüber zu streben, hinüber zu wachsen.«[32]
Dieser Goethe, dieser sich auf dem Wege zum Überpersönlichen und Überzeitlichen befindliche Goethe setzt seine Existenz im »Glasperlenspiel« als Altmusikmeister fort. Josef Knecht besucht ihn, den Greis, der dem Dahinsiechen und Absterben nahe ist, und erlebt ein Wunder. Denn das, was er hier sieht, ist nicht gewöhnliches Altern und Hinfälligwerden, sondern allmähliche Entmaterialisierung und Befreiung von der leiblichen Substanz, ist Übergang in neue Daseinsformen, in kosmische und magische Regionen.
Die Verwandlung des Altmusikmeisters ist seinem Wesen nach taoistisch (taoistisch sind auch das Schweigen des ehrwürdigen Greises und sein mildes Lächeln – »Viel Worte meist in nichts verrinnen; / Weit besser, man bewahrt es innen.«[33]). Der Tod ist hier nur Übergang von einer Stufe zur nächsten, er ist eine kurze Ohnmacht zwischen zwei Welten. Tod und Leben sind zwei Pole des Seins, und erst ihre Einheit macht das Tao aus. Die alten Chinesen kannten das Ideal der ins Kosmische entschwebten Existenz und das der Anonymität sehr gut (das Leben

Lao-Tses ist ein Beispiel dafür!). Die Entleiblichung des Menschen, sein Nicht-mehr-hier-Sein, sein Transzendieren hinter alle Bilder und Geschehnisse, dorthin, wo es keinen Gegensatz gibt zwischen Leben und Tod, war auch hier die letzte Stufe der Menschwerdung und der Vollendung – unio mystica. Den Chinesen war die Gestalt des Vollkommenen und des heiligen Menschen vertraut. Sie tritt uns in den Schriften von Lao-Tse und Li-Tse, von Yang-Tschou und Tschuang-Tse entgegen. »Der Vollendete ist ein geistiges Wesen«, lesen wir bei Tschuang-Tse. »Wenn der Ozean verdunstete, würde er keine Kälte spüren. Wenn der Donner die Berge zerrisse und der Sturm die große Tiefe emporschleuderte, würde er nicht erzittern. Er würde auf die Wolken des Himmels steigen, Sonne und Mond vor sich einhertreiben und aus den Grenzen der Vier Meere schreiten, dahin, wo Tod und Leben keine Gewalt mehr über den Menschen haben.«[34]
Ein solcher Vollendeter ist der Altmusikmeister, der Weise von Monteport (und auch dies Tür und Eingang!), der strahlende Greis, der »weg von den Menschen und hin zur Stille, weg von den Worten und hin zur Musik, weg von den Gedanken und hin zur Einheit strebt«.[35]
Ebenso der alte Goethe! Auch er ist auf dem Wege zur überpersönlichen und göttlichen Existenz. Auch er strahlt in seinen letzten Jahren eine sternenhafte Unnahbarkeit und Fremde aus. Seine unendlich erweiterte Seele umfaßt Himmel und Erde, Tränen und Lachen der Welt, Lust und Leid, Zeugung und Verwesung, Tod und Geburt, Yin und Yang. Deshalb ist der greise Goethe nicht mehr das bürgerliche Individuum Goethe, er ist kein Sammler und Minister, kein Dichter und Literat, oder viel mehr: Er ist

das alles und noch mehr, er ist das All, ist Universum, ist Tao. Und gerade dieses Phänomen hatte Hermann Hesse im Auge, als er in seinem Aufsatz über Goethe und Bettina schrieb: »Aber es ist nicht Er mehr, nicht Goethe mehr, welcher spricht, es spricht aus den ... Greisenlippen der Namenlose, nicht mehr Persönliche, in den er sich verwandelt hat.«[36]
Der wahre Mensch, der Vollkommene verbreitet um sich eine Atmosphäre, welche allem Gegensätzlichen den Schein einer Identität und Gleichheit verleiht; er strahlt eine Kraft aus, die durch Jahrhunderte hindurch auf die Menschen ihre Wirkung ausübt. Alle zur Einheit gewordene Polarität, alles Hermaphroditische verfügt über diese Kraft. »Und es ist das Geheimnis des älteren Goethe«, schreibt Hesse, »daß er, der wunderliche, steife Greis in seinem zu großen Gehäuse voll Kram und Sammlungen weit um sich her wie ein chinesischer Magier jene magisch zwiefältige Atmosphäre, jene laotsehafte Luft erzeugt, in welcher Tun und Nichttun, Schaffen und Leiden nicht mehr zu unterscheiden sind. Von Leonardo da Vinci strahlt ein ähnliches Geheimnis aus, gefährlich lockend wie der Reiz eines Hermaphroditen ...«[37]
Goethe wandelt sich vom Persönlichen ins Überpersönliche, bemerkt Hesse. Aber das soll nicht als Negation der empirischen Welt und der Natur verstanden werden. Ganz im Gegenteil – Goethe und seinesgleichen waren vor allem Bejaher und Bestätiger der Wirklichkeit und der Natur. Litten sie auch zeitweilig unter den Mühen des Alltags, so fühlten sie sich doch von der Welt bezaubert und angezogen. Ihre Entselbstung, ihre Reise über die Grenzen des eigenen Ich unterschied sich sehr von der Selbstver-

leugnung der tragischen Genies. Kleist und Hölderlin, Novalis und Nietzsche fielen ihrem Streben nach dem rein Ideellen zum Opfer, während Goethes Leben einen Versuch darstellte, die Gegensätze zu versöhnen. Seine Haltung war das Abstreifen von Einseitigem, allzu Privatem und allzu Individuellem – war »Resignation« im Kierkegaardschen Sinne des Wortes.

Das Ideal von Goethes Streben zum Überpersönlichen und Überzeitlichen ist ein pantheistisches Ideal. Es verneint das empirisch-persönliche, das niedere Ich die Absonderung und Entfernung vom Göttlichen. Sein Respekt gilt der Einheit, indem es von Rückkehr und Neuwerdung, von Aufhebung der Individuation und vom Wieder-Gott-Werden träumt.[38] »O ja, Bejaher des Lebens, Bejaher der Natur sind sie alle«, schreibt Hesse von den Vollkommenen, »aber Verneiner ihrer selbst, Verneiner des Menschen. Je mehr sie sich ›vollenden‹, desto mehr nimmt ihr Leben wie ihr Werk die Tendenz an, sich aufzulösen einer geahnten fernen Möglichkeit entgegen, die nicht mehr Mensch, höchstens noch Übermensch heißt, einer neuen Lebensform entgegen, deren niemand sich mehr zu schämen braucht, auf welche die Natur stolz sein könnte.«[39]

Die wahren und vollkommenen Menschen (Hesse nennt sie auch die »königlichen«) – diejenigen, die aus den Grenzen der Vier Meere hinausgeschritten sind und deren Leben kosmische Formen angenommen hat, die dem Zeitstrom entronnen sind und in ewiger Gegenwart leben (auch in der Zeitlosigkeit und Übernationalität ihrer Werke) – diese seligen und vollkommenen Menschen strahlen eine große Helle aus, vergleichbar den altchinesischen

Weisen. Das Tao Tê King und andere taoistische Quellen erwähnen und betonen an vielen Stellen das Phänomen: »Das Ewige erkennen heißt: Erleuchtet-sein. Das Ewige nicht erkennen, macht verderbt und unglücklich. Wer das Ewige erkennt, ist umfassend – umfassend, daher gerecht, gerecht, daher königlich, königlich, daher himmlisch, himmlisch, daher in Tao, in Tao, daher fortdauernd.«[40]

1 Siehe: Field, G. W., Goethe and Das Glasperlenspiel: Reflections on ›Alterswerke‹; In: German Life & Letters, NS, Vol. XXIII, Okt. 1969, N. 1.
2 Nachfolgend nur einige Beispiele: Braemer, E., Kastalien als pädagogische Provinz. In: Die neue Schule, Brl. u. Lpz. Jg. 3, 1948, N 8; Carlsson, A., Zwillingsbrüder: Wilhelm Meister und Josef Knecht. In: Neue Zürcher Zeitung, N 1878, v. 27. 9. 1943; Dermine, R., Hermann Hesse im Banne Goethes. In: Revue des langues vivantes, Bruxelles, Vol. 26, 1954; Halpert, I. D., The Alt-Musikmeister and Goethe. In: Monatshefte für deutschen Unterricht, Vol. 52, N 4, 1961; Kohnheiser-Barwanietz, Ch. M., Hermann Hesse und Goethe, Brl. 1954; Lorenzen, H., Kastalien – eine moderne pädagogische Provinz im »Glasperlenspiel« Hermann Hesses. In: Pädagogische Rundschau, Ratingen, Jg. 9, 1954/55; Middell, E., Imaginierte heile Welt. Hermann Hesses »Bibliothek der Weltliteratur« – kritisch gesehen. In: 100 Jahre Reclams Universal-Bibliothek 1867–1967. Lpz. 1967.
3 H. Hesse, »Dank an Goethe«, vgl. S. 9 ff.
4 H. Hesse, WA* 5, S. 8.
5 H. Hesse, WA 7, S. 245.
6 Vgl. dazu F. Nietzsche: »Der Mensch ist ein Seil, geknüpft zwischen Tier und Übermensch . . . Was groß ist am Menschen, das ist, daß er eine Brücke und kein Zweck ist: was geliebt werden kann am Menschen, das ist, daß er ein Übergang und ein Untergang ist.« (F. Nietzsche, Werke. A. Kröner Verlag, Stuttgart, 1921. S. 16).
7 H. Hesse, WA 12, S. 226.
8 H. Hesse, a.a.O. S. 226 f.
9 H. Hesse, WA 7, S. 248.
10 G. Mayer, Hermann Hesse. Mystische Religiosität und dichterische Form. In: Jahrbuch der deutschen Schillergesellschaft, Stuttgart, Bd. IV, 4. Jg., 1960. S. 438.
11 H. Hesse, »Ausgewählte Briefe«, S. 203.
12 H. Hesse, a.a.O. S. 176.
13 H. Hesse, WA 7, S. 248.
14 H. Hesse, »Ausgewählte Briefe«, S. 464.
15 Siehe: H. Hesse, WA, 10. S. 69.

16 Tao Tê King, VIII.
17 Tao Tê King, LXXVIII.
18 Tao Tê King, LXVI.
19 Tschuang-Tse, XIX, 5.
20 Tao Tê King, LXI.
21 Tao Tê King, XXVIII.
22 Tao Tê King, VII.
23 Tao Tê King, XII.
24 Tao Tê King, LVI.
25 K. Schmid, Über Hermann Hesses »Glasperlenspiel«. In: K. Schmid, Aufsätze und Reden. Zürich u. Stuttgart, 1957. S. 168.
26 M. Buber, Nachwort. In: Tschuang-Tse, Reden und Gleichnisse. Manesse Verlag, Zürich, 1951. S. 208.
27 Tschuang-Tse, XI, 8.
28 Tao Tê King, X.
29 H. Hesse, »Dank an Goethe«, vgl. S. 9 ff.
30 H. Hesse, a.a.O.
31 H. Hesse, a.a.O.
32 H. Hesse, »Über Goethes Gedichte«, vgl. S. 28 ff.
33 Tao Tê King, V.
34 Tschung-Tse, II, 6.
35 H. Hesse, WA 9, S. 280.
36 H. Hesse, »Goethe und Bettina«, vgl. S. 114 ff.
37 H. Hesse, a.a.O.
38 Dieser Traum ist nach Goethe eine dem menschlichen Wesen immanente Eigenschaft. In einem Brief von Goethe an F. v. Müller lesen wir: »Der Mensch, wie sehr ihn auch die Erde anzieht mit ihren tausend und abertausend Erscheinungen, hebt doch den Blick forschend und sehnend zum Himmel auf, der sich in unermeßlichen Räumen über ihm wölbt, weil er es tief und klar in sich fühlt, daß er ein Bürger jenes geistigen Reiches sei, woran wir den Glauben nicht abzulehnen noch aufzugeben vermögen.« (J. W. Goethe, Artemis-Gedenkausgabe der Werke, Briefe und Gespräche. Zürich und Stuttgart. Bd. 23, S. 32).
39 H. Hesse, »Goethe und Bettina«, vgl. S. 114 ff.
40 Tao Tê King, XVI.

* Die Abkürzung WA verweist auf die 1970 im Suhrkamp Verlag, Frankfurt a. Main erschienene 12-bändige Hesse-Werkausgabe, dahinter folgt die Ausgabe des jeweiligen Bandes mit der Seitenzahl.

QUELLENNACHWEIS

»Dank an Goethe«*, geschrieben 1932 auf die Bitte von Romain Rolland für die Goethe-Nummer der Zeitschrift »Europe«, 28, Paris, 1932, u. d. T. »Remerciement à Goethe«. Deutscher Erstdruck in »Neue Schweizer Rundschau«, 43, Zürich, 1932.

»Traum von einer Audienz bei Goethe«, Vorabdruck aus der Erzählung »Der Steppenwolf« in der »Frankfurter Zeitung« vom 12. 9. 1926.

»Goethe, Dreißig Gedichte«, ausgewählt und eingeleitet von Hermann Hesse zum hundertsten Todestag Goethes am 22. 3. 1932. Erschienen als Festgabe des Verlages »Lesezirkel Hottingen«, Zürich, 1932 als separates Bändchen.

»Wilhelms Meisters Lehrjahre«*, geschrieben 1911. Erstdruck ca. 1911 in der Goethe-Ausgabe des Ullstein Verlags.

»Goethe und Bettina«*, geschrieben 1924, Erstdruck in der »Neuen Rundschau« Berlin, Oktober 1924.

»Tübinger Goethestudien des neunzehnjährigen Hesse«, drei Briefauszüge, entnommen dem ersten Band der »Gesammelten Briefe«, 1895-1921, Suhrkamp Verlag, Frankfurt a. Main 1973.

»Goethes Briefe«, Rezension der ersten drei Bände der bei Cotta erschienenen Briefausgabe Goethes. Erstdruck in »Die Rheinlande«, Bd. 8, Düsseldorf, 1904.

»Die Briefe der Frau Rat Goethe«. Aus der Sammelrezension »Alter Wein in neuen Schläuchen«, Empfehlung der zweibändigen Ausgabe des Insel-Verlags in »Die Propyläen« (d. i. die Beilage zur »Münchner Zeitung«), 5, 1907.

»Wenn ich mir in guten Stunden den Werther wieder ansehe...« Aus »Ein Brief« in »Der Schwabenspiegel« (d. i. Wochenschrift der »Württemberger Zeitung«, Stuttgart), Januar 1908.

»Auch von den Leiden des jungen Werther ...« Aus der Sammelrezension »Bücherschau« in »März«, München vom 18. 7. 1911.

»Schließlich noch etwas Schönes...« Aus der Sammelrezension »Billige Bücher« in »März«, München vom 21. 11. 1908.

»Goethe im Inselverlag«. Erstdruck in »Neue Zürcher Zeitung« vom 2. 1. 1909.

»Eine Goethebibliothek«. Erstdruck in »Der Bücherwurm«, Dachau/Berlin, Mai 1911.

»Goethebücher«. Erstdruck in »März«, München vom 4. 7. 1911.

»Der junge Goethe«. Erstdruck in »März«, München vom 1. 8. 1911.

»Aus ›Klassische Dichtungen‹«, Sammelrezension in »März«, München vom 28. 9. 1912.

»Goethes Erzählungen«. Rezension der im Verlag Bruno Cassirer erschienenen Ausgabe »Novellen und Märchen« Goethes. Erstdruck in »März«, München II, 1915.

»Aus ›Ein Bibliotheksjahr‹«, Sammelrezension in »Neue Zürcher Zeitung« vom 27. 6. 1915.

»Briefwechsel zwischen Goethe und Zelter«. Aus der Sammelrezension »Aus der Welt der Bücher« in »Schweizerland«, Chure, Oktober 1915, über die Insel-Ausgabe des Briefwechsels.

»Goethes Ehe in Briefen«. Rezension der bei Rütten & Lönig,

Frankfurt a. Main erschienenen Edition in »Wissen und Leben«, Zürich, Okt./Nov. 1921.

»Aus ›Notizen über Bücher‹«, Sammelrezension in »Der Bücherwurm«, Dachau/Berlin, Januar 1932.

»Soll das Frankfurter Goethehaus wiederaufgebaut werden?« Antwort auf eine Umfrage in »Die Brücke«, Paris, November 1947.

»Es ist gewiß nicht Aufgabe der Gelehrten . . .« Aus einem unpubl. Brief aus dem Jahre 1949.

»Goethe und das Nationale«. Erstdruck in »National-Zeitung«, Basel vom 28. 8. 1949.

Reso Karalaschwili, »Das Goethe-Bild in Hermann Hesses Schaffen«, gekürzte und revidierte Fassung eines Vortrags, gehalten am 15. 10. 1970 vor der georgischen Ortsvereinigung der Goethe-Gesellschaft, UdSSR.

* *Die mit einem Sternchen versehenen Beiträge waren enthalten in der 1946 im Werner Classen Verlag, Zürich erschienenen Erstausgabe des Bändchens »Dank an Goethe«. Hesses Auswahl der Goethe-Gedichte war darin nicht vollständig enthalten. Auch das Vorwort »Über Goethes Gedichte« ist hier in seiner ursprünglichen Fassung wiedergegeben.*

1877	geboren am 2. Juli in Calw/Württemberg als Sohn des baltischen Missionars und späteren Leiters des »Calwer Verlagsvereins« Johannes Hesse (1847 bis 1916) und Marie Hesses, verw. Isenberg, geb. Gundert (1842-1902), der ältesten Tochter des namhaften Indologen und Missionars Hermann Gundert.
1881-1886	wohnt Hesse mit seinen Eltern in Basel, wo der Vater bei der »Basler Mission« unterrichtet und 1883 die Schweizer Staatsangehörigkeit erwirbt (zuvor: russische Staatsangehörigkeit).
1886-1889	Rückkehr nach Calw (Juli), wo Hesse das Reallyzeum besucht.
1890-1891	besucht er die Lateinschule in Göppingen, um sich auf das Württembergische Landexamen (Juli 1891) vorzubereiten, der Voraussetzung für eine kostenlose Ausbildung zum ev. Theologen im »Tübinger Stift«. Deshalb muß er auf sein Schweizer Bürgerrecht verzichten. Im November 1890 erwirbt ihm sein Vater die württembergische Staatsangehörigkeit.
1891-1892	Seminarist im ev. Klosterseminar Maulbronn (Sept. 1891), aus dem er nach 7 Monaten flieht, weil er »entweder Dichter oder gar nichts werden wollte«. (April 1892) bei Christoph Blumhardt (zum »Teufelaustreiben«) in Bad Boll (Mai); Selbstmordversuch (Juni), Aufenthalt in der Nervenheilanstalt Stetten (Juni-August). Aufnahme ins Gymnasium von Cannstatt (Nov. 1892), wo er
1893	im Juli das Einjährig-Freiwilligen-Examen (Obersekundareife) absolviert. »Werde Sozialdemokrat und laufe ins Wirtshaus. Lese fast nur Heine, den ich sehr nachahmte.«

1894–1895 Praktikant in der Calwer Turmuhrenfabrik Perrot.

1895–1898 Buchhändlerlehre bei J. J. Heckenhauer in Tübingen.

1899 beginnt er mit der Niederschrift eines Romans »Schweinigel« (Manuskript noch nicht aufgefunden).

›Romantische Lieder‹ erscheinen bei Pierson, Dresden. ›Eine Stunde hinter Mitternacht‹ erscheint bei Diederichs, Leipzig.

1899–1903 Als Buchhandelsgehilfe in Basel (Buchhandlung R. Reich u. Antiquariat v. Wattenwyl).

H. H. beginnt für die »Allgemeine Schweizer Zeitung« Artikel und Rezensionen zu schreiben, die ihm mehr noch als seine Bücher »einen gewissen lokalen Ruf machten, der mich im gesellschaftlichen Leben sehr unterstützte«.

1901 Erste Italienreise nach Florenz (Genua, Pisa, Venedig). ›Hinterlassene Schriften und Gedichte von Hermann Lauscher‹ erscheinen bei R. Reich, Basel.

1902 ›Gedichte‹ erscheinen bei Grote, Berlin, seiner Mutter gewidmet, die kurz vor Erscheinen des Bändchens stirbt.

1903 Zweite Italienreise (Florenz, Venedig) nach Aufgabe seiner Buchhändler- und Antiquariatstätigkeit; Hesse beendet die Niederschrift des Camenzind-Manuskripts, das er auf Einladung des S. Fischer Verlages nach Berlin sendet.

1904 ›Peter Camenzind‹ erscheint bei S. Fischer, Berlin. Eheschließung mit Maria Bernoulli, Tochter aus altem Basler Gelehrtengeschlecht. Mit ihr bezieht er im Juli ein leerstehendes Bauernhaus in Gaienhofen am Bodensee, um als freier Schriftsteller und Mitarbeiter von zahlreichen Zeitungen und Zeitschriften zu arbeiten (u. a. »Die Propyläen«, d. i. Münchner Zeitung; »Die Rheinlande«, »Simplicissimus«,

»März«, »Der Schwabenspiegel«, d. i. Württemberger Zeitung).
Die biographischen Studien »Boccaccio« und »Franz von Assisi« erscheinen bei Schuster & Löffler, Berlin u. Leipzig.

1905 Geburt des ersten Sohnes, Bruno.

1906 ›Unterm Rad‹ (1903-1904 entstanden) erscheint bei S. Fischer, Berlin. Gründung der liberalen, gegen das persönliche Regiment Wilhelms II. gerichteten Zeitschrift »März« (Verlag Albert Langen, München), als deren Mitherausgeber Hesse bis 1912 zeichnet.

1907 ›Diesseits‹ , Erzählungen, erscheinen bei S. Fischer, Berlin.
In Gaienhofen baut und bezieht Hesse ein eigenes Haus »Am Erlenloh«.

1908 ›Nachbarn‹, Erzählungen, erscheinen bei S. Fischer, Berlin.

1909 Geburt des zweiten Sohnes, Heiner.

1910 ›Gertrud‹, Roman, erscheint bei Albert Langen, München.

1911 ›Unterwegs‹, Gedichte, erscheinen bei Georg Müller, München. Geburt des dritten Sohnes, Martin. Indienreise mit dem befreundeten Maler Hans Sturzenegger.

1912 ›Umwege‹, Erzählungen, erscheinen bei S. Fischer, Berlin. Hesse verläßt Deutschland und übersiedelt mit seiner Familie nach Bern in das ehem. Haus des befreundeten Malers Albert Welti.

1913 ›Aus Indien. Aufzeichnungen einer indischen Reise‹ erscheinen bei S. Fischer, Berlin.

1914 ›Roßhalde‹, Roman, erscheint bei S. Fischer, Berlin. Bei Kriegsbeginn meldet sich Hesse freiwillig, wird aber als dienstuntauglich zurückgestellt und der Deutschen Gesandtschaft in Bern zugeteilt, wo er im

Dienst der »Deutschen Gefangenenfürsorge« Hunderttausende von Kriegsgefangenen und Internierte in Frankreich, England, Rußland und Italien mit Lektüre versorgt, Gefangenenzeitschriften (z. B. »Deutsche Interniertenzeitung«) herausgibt, redigiert und einen eigenen Verlag für Kriegsgefangene (»Verlag der Bücherzentrale für deutsche Kriegsgefangene«) aufbaut, in welchem von 1918 bis 1919 22 Bändchen erscheinen.

1914-1919 Zahlreiche politische Aufsätze, Mahnrufe, offene Briefe etc. in deutschen, schweizerischen und österreichischen Zeitungen und Zeitschriften.

1915 ›Knulp. Drei Geschichten aus dem Leben Knulps‹ (vorabgedruckt bereits 1908) erschienen bei S. Fischer, Berlin.

›Am Weg‹, Ezählungen, erschienen bei Reuß & Itta, Konstanz.

›Musik des Einsamen‹, Neue Gedichte, erschienen bei Eugen Salzer, Heilbronn.

›Schön ist die Jugend‹, Erzählungen, erschienen bei S. Fischer. Der Tod des Vaters, die Krankheit seiner Frau und des jüngsten Sohnes Martin führen zu einem Nervenzusammenbruch. Erste psychotherapeutische Behandlung durch den C. G. Jung-Schüler J. B. Lang bei einer Kur in Sonnmatt bei Luzern.

1919 Die politische Flugschrift ›Zarathustras Wiederkehr. Ein Wort an die deutsche Jugend von einem Deutschen‹, erscheint anonym im Verlag Stämpfli, Bern; 1920 unter dem Namen des Verfassers bei S. Fischer, Berlin.

Übersiedlung nach Montagnola/Tessin in die Casa Camuzzi, die er bis 1931 bewohnt.

›Kleiner Garten‹, Erlebnisse und Dichtungen, erscheint bei E. P. Tal & Co., Wien u. Leipzig.

›Demian. Die Geschichte einer Jugend‹ erscheint unter dem Pseudonym Emil Sinclair bei S. Fischer, Berlin.
›Märchen‹ erschienen bei S. Fischer, Berlin.
Gründung und Herausgabe der Zeitschrift »Vivos voco«, Für neues Deutschtum (Leipzig, Bern).

1920 ›Gedichte des Malers‹. Zehn Gedichte mit farbigen Zeichnungen, erschienen im Verlag Seldwyla, Bern.
›Klingsors letzter Sommer‹, Erzählungen, erschienen bei S. Fischer, Berlin.
›Wanderung‹, Aufzeichnungen mit farbigen Bildern vom Verfasser, erschienen bei S. Fischer, Berlin.

1921 ›Blick ins Chaos‹, zwei Dostojewski-Essays und ein Sprechstück, erschienen im Verlag Seldwyla, Bern.
›Ausgewählte Gedichte‹, erschienen bei S. Fischer, Berlin. Krise mit fast anderthalbjähriger Unproduktivität zwischen der Niederschrift des ersten und des zweiten Teils des ›Siddhartha‹. Psychoanalyse bei C. G. Jung in Küsnacht bei Zürich.
›Elf Aquarelle aus dem Tessin‹, erschienen bei O. C. Recht, München.

1922 ›Siddhartha. Eine indische Dichtung‹, erschienen bei S. Fischer, Berlin.

1923 ›Sinclairs Notizbuch‹, erschienen bei Rascher, Zürich. Erster Kuraufenthalt in Baden bei Zürich, wo er sich fortan (bis 1952) am Ende jedes Jahres aufhält.

1924 Hesse wird wieder Schweizer Staatsbürger.
Eheschließung mit Ruth Wenger, Tochter der Schriftstellerin Lisa Wenger.
›Psychologia Balnearia oder Glossen eines Badener Kurgastes« erscheint als Privatdruck; ein Jahr später als erster Band in der Ausstattung der ›Gesammelten Werke in Einzelausgaben‹ u. d. T.:

1925 ›Kurgast‹ bei S. Fischer, Berlin.

1926 ›Bilderbuch‹, Schilderungen, erschienen bei S. Fischer, Berlin. Hesse wird als auswärtiges Mitglied in die Sektion für Dichtkunst der Preußischen Akademie der Künste gewählt, aus der er 1931 austritt: »Ich habe das Gefühl, beim nächsten Krieg wird diese Akademie viel zur Schar jener 90 oder 100 Prominenten beitragen, welche das Volk wieder wie 1914 im Staatsauftrag über alle lebenswichtigen Fragen belügen werden«.

1927 ›Die Nürnberger Reise‹ und
›Der Steppenwolf‹ erscheinen bei S. Fischer, Berlin, gleichzeitig – zum 50. Geburtstag Hesses –, die bis heute unübertroffene Hesse-Biographie von Hugo Ball. Auf Wunsch seiner zweiten Frau, Ruth, Scheidung ihrer 1924 geschlossenen Ehe.

1928 ›Betrachtungen‹ und
›Krisis. Ein Stück Tagebuch‹ erscheinen bei S. Fischer, Berlin, letzteres in einmaliger limitierter Auflage.

1929 ›Trost der Nacht‹. Neue Gedichte, erscheinen bei S. Fischer.
›Eine Bibliothek der Weltliteratur‹ erscheint als Nr. 7003 von Reclams Universalbibliothek, Leipzig.

1930 ›Narziß und Goldmund‹, Erzählung, erscheint bei S. Fischer, Berlin.

1931 Eheschließung mit der Kunsthistorikerin Ninon Dolbin geb. Ausländer aus Czernowitz. Mit ihr bezieht Hesse das von H. C. Bodmer erbaute und ihm auf Lebzeiten zur Verfügung gestellte Haus an der Collina d'Oro in Montagnola.
›Weg nach Innen‹. Vier Erzählungen (›Siddhartha‹, ›Kinderseele‹, ›Klein und Wagner‹, ›Klingsors letzter Sommer‹), erschienen bei S. Fischer, Berlin.

1932 ›Die Morgenlandfahrt‹ erscheint bei S. Fischer, Berlin.

1932-1943 Entstehung des ›Glasperlenspiels‹.

1933 ›Kleine Welt‹ (Erzählungen aus ›Nachbarn‹, ›Umwege‹ und ›Aus Indien‹ leicht bearbeitet) erscheint bei S. Fischer, Berlin.

1934 ›Vom Baum des Lebens‹. Ausgewählte Gedichte, erscheinen im Insel Verlag, Leipzig.

1935 ›Fabulierbuch‹, Erzählungen, erscheint bei S. Fischer, Berlin.

1936 ›Stunden im Garten‹. Eine Idylle, erscheint bei Gottfried Bermann Fischer, Wien.

1937 ›Gedenkblätter‹ und
›Neue Gedichte‹ erscheinen bei S. Fischer, Berlin.
›Der lahme Knabe‹, ausgestattet von Alfred Kubin, erscheint als Privatdruck in Zürich.

1939-1945 gelten Hesses Werke in Deutschland für unerwünscht. ›Der Steppenwolf‹, ›Betrachtungen‹ u. ›Narziß und Goldmund‹ können nicht mehr nachgedruckt werden. Insgesamt waren während der Jahre 1933-1945 in Deutschland 20 Hessetitel (einschließlich der Nachdrucke) erhältlich, die im Verlauf der zwölf Jahre eine Gesamtauflage von 481 Tsd. Exemplaren erreichten (eine Auflage, die etwas unter der allein 1972 im deutschen Sprachraum verkauften Zahl der Hesse-Ausgaben liegt), wobei allerdings 250 Tsd. auf das 1943 erschienene Reclam-Bändchen »In der alten Sonne« und 70 Tsd. auf die kleine, 1934 in der Insel-Bücherei erschienene Gedichtauswahl ›Vom Baum des Lebens‹ entfielen. Die ›Gesammelten Werke in Einzelausgaben‹ werden deshalb in der Schweiz, im Verlag Fretz & Wasmuth, fortgesetzt.

1942 ›Die Gedichte‹, erste Gesamtausgabe von Hesses Lyrik, erscheinen bei Fretz & Wasmuth, Zürich.

1943 ›Das Glasperlenspiel. Versuch einer Lebensbeschreibung des Magister Ludi Josef Knecht samt Knechts hinterlassenen Schriften. Herausgegeben von Hermann Hesse‹, erscheint bei Fretz & Wasmuth, Zürich.

1945 ›Der Blütenzweig‹. Eine Auswahl aus den Gedichten: und
›Bertold‹. Ein Romanfragment; und
›Traumfährte‹. Neue Erzählungen und Märchen, erscheinen bei Fretz & Wasmuth, Zürich.

1946 ›Krieg und Frieden‹. Betrachtungen zu Krieg und Politik seit dem Jahr 1914, erscheint bei Fretz & Wasmuth, Zürich. Danach erscheinen die Werke Hesses wieder in Deutschland, zunächst im »Suhrkamp Verlag vorm. S. Fischer«, seit 1951 im Suhrkamp Verlag, Frankfurt am Main.
Goethe-Preis der Stadt Frankfurt am Main.
Nobelpreis.

1951 ›Späte Prosa‹ und
›Briefe‹ erscheinen bei Suhrkamp, Frankfurt am Main.

1952 ›Gesammelte Dichtungen‹ in sechs Bänden als Festgabe zum 75. Geburtstag erscheinen bei Suhrkamp, Frankfurt am Main.

1954 ›Piktors Verwandlungen‹. Ein Märchen, faksimiliert, erscheint bei Suhrkamp, Frankfurt am Main.
›Briefe: Hermann Hesse – Romain Rolland‹ erscheinen bei Fretz & Wasmuth, Zürich.

1955 ›Beschwörungen‹, Späte Prosa/Neue Folge bei Suhrkamp, Frankfurt a. M.
Friedenspreis des Deutschen Buchhandels.

1956 Stiftung eines Hermann-Hesse-Preises durch die Förderungsgemeinschaft der deutschen Kunst Baden-Württemberg e. V.

1957 ›Gesammelte Schriften‹, in sieben Bänden, erscheinen bei Suhrkamp, Frankfurt am Main.

1961 ›Stufen‹, alte und neue Gedichte in Auswahl, erscheinen bei Suhrkamp, Frankfurt am Main.

1962 ›Gedenkblätter‹ (um fünfzehn Texte erweitert gegenüber der 1937 erschienenen Ausgabe).
9. August: Tod Hermann Hesses in Montagnola.

1962 ›Hermann Hesse zum Gedächtnis‹, Privatdruck des Suhrkamp Verlags, Frankfurt am Main.
›Hermann Hesse. Eine Bibliographie‹ von Helmut Waibler erscheint im Francke Verlag, Bern und München.

1963 ›Die späten Gedichte‹ erscheinen als Band 803 der Insel-Bücherei des Insel Verlags, Wiesbaden.

1964 ›Briefe‹. Erweiterte Ausgabe, erscheinen bei Suhrkamp, Frankfurt am Main.

1965 ›Prosa aus dem Nachlaß‹, erschienen bei Suhrkamp, ›Neue deutsche Bücher‹, Literaturberichte für Bonniers Litterära Magasin 1935 bis 1936, erschienen in der Turmhahn-Bücherei des Schiller-Nationalmuseums, Marbach.

1966 ›Kindheit und Jugend vor Neunzehnhundert. Hermann Hesse in Briefen und Lebenszeugnissen 1877 bis 1895‹ erschienen im Suhrkamp Verlag, Frankfurt am Main.

1968 ›Hermann Hesse – Thomas Mann. Briefwechsel‹, erschienen im Suhrkamp und im S. Fischer Verlag, Frankfurt am Main.

1969 ›Hermann Hesse – Peter Suhrkamp. Briefwechsel‹ erschienen im Suhrkamp Verlag, Frankfurt am Main.

1970 ›Hermann Hesse – Werkausgabe‹,
›Politische Betrachtungen‹
und ›Schriften zur Literatur‹, erschienen im Suhrkamp Verlag, Frankfurt am Main.

1971 ›Hermann Hesse – Helene Voigt-Diederichs. Zwei Autorenportraits in Briefen‹, erschienen bei Diederichs, Köln, als Privatdruck in einmaliger Auflage.
›Lektüre für Minuten‹, Gedanken aus seinen Büchern und Briefen:
›Mein Glaube‹. Eine Dokumentation und
›Hermann Hesse – Sprechplatte‹, erschienen bei Suhrkamp, Frankfurt am Main.

1972 ›Eigensinn‹. Autobiographische Schriften.
›Materialien zu Hermann Hesse, Der Steppenwolf‹ erschienen bei Suhrkamp, Frankfurt am Main.
›D'une rive à l'autre. Hermann Hesse et Romain Rolland. Correspondance, fragments du Journal et textes divers‹ erschienen bei Albin Michel, Paris.
›Hermann Hesse – Karl Kerényi, Briefwechsel aus der Nähe‹, erschienen bei Langen-Müller, München u. Wien.

1973 ›Gesammelte Briefe, erster Band: 1895 bis 1921‹
›Die Kunst des Müßiggangs‹. Kurze Prosa aus dem Nachlaß,
›Die Erzählungen‹, erste Gesamtausgabe der wichtigsten Erzählungen,
›Materialien zu Hermann Hesse, Das Glasperlenspiel‹, erschienen bei Suhrkamp, Frankfurt am Main.
›Hermann Hesse, Traktat vom Steppenwolf und andere Texte‹, Sprechplatte der Deutschen Grammophon-Gesellschaft, Hamburg.
›Hermann Hesse und der Ferne Osten‹, erschienen bei Büchergilde Gutenberg, Frankfurt am Main.
›Hermann Hesse-Bibliographie; Primär- und Sekundärschrifttum in Auswahl‹ von Martin Pfeifer erscheint im Erich Schmidt Verlag, Berlin.

›Hermann Hesse, eine Werkgeschichte‹, erschienen bei Suhrkamp, Frankfurt am Main.

1974 ›Hermann Hesse, Leben und Werk im Bild‹ von Volker Michels, insel-taschenbuch 36

›Materialien zu Hermann Hesse, Das Glasperlenspiel‹ Bd. 2.

›Hermann Hesse und China‹ von Adrian Hsia, erschienen bei Suhrkamp, Frankfurt am Main.

›Kindheit des Zauberers‹ illustriert von Peter Weiss, insel-taschenbuch.

›Begegnungen mit Hermann Hesse‹ von Siegfried Unseld bei Suhrkamp, Frankfurt am Main.

Hesse, Between, Music, Langspielschallplatte, Electrola.

INHALT

Goethe im Insel Verlag

Goethe, Johann Wolfgang von: Insel-Goethe. 6 Bände. Herausgegeben von Emil Staiger, Walter Höllerer, Hans-J. Weitz, Norbert Miller u.a. Leinen in Kassette.
– – Sonderausgabe. Broschiert.
– Jubiläumsausgabe in sechs Bänden. Aus Anlaß des 150. Todestages am 22. März 1982. Gebunden, mit Dekorüberzug.

Einzelausgaben:
– Anschauendes Denken. Goethes Schriften zur Naturwissenschaft in einer Auswahl herausgegeben von Horst Günther. Mit Zeichnungen des Autors. it 550
– Briefe an Auguste Gräfin zu Stolberg. Herausgegeben und mit einem Nachwort von Jürgen Behrens. Mit Abbildungen und Faksimiles. IB 1015
– ›Das Tagebuch‹ Goethes und Rilkes ›Sieben Gedichte‹. Erläutert von Siegfried Unseld. IB 1000
– Dichtung und Wahrheit. Mit Bildmaterial. 3 Bde. in Kassette. it 149/150/151
– – Insel-Bibliothek. Leinen und Leder
– Die erste Schweizer Reise. it 300
– Elegie von Marienbad. September 1823. Faksimile einer Urhandschrift. Herausgegeben von Christoph Michel und Jürgen Behrens. Mit einem Geleitwort von Arthur Henkel. Faksimile und Kommentarband zusammen in Kassette. Leder
– Erfahrung der Geschichte. Historisches Denken und Geschichtsschreibung in einer Auswahl. Herausgegeben von Horst Günther. Mit Zeichnungen des Autors. it 650
– Faust. Erster Teil. Faksimile der Erstausgabe. Leder
– Faust I. Mit Illustrationen von Eugène Delacroix und einem Vorwort von Jörn Göres. it 50
– Faust. Zweiter Teil. Faksimile der Erstausgabe. Leinen und Leder
– Faust II. Mit Federzeichnungen von Max Beckmann. Mit einem Nachwort zum Text von Jörn Göres und zu den Zeichnungen von Friedhelm Fischer. it 100
– Faust. Gesamtausgabe. Leinen und Leder
– Faust. Drei Fassungen. Urfaust. Faust. Ein Fragment. Faust. Eine Tragödie. Herausgegeben mit einem Nachwort von Werner Keller. 2 Bde. it 625
– Frühes Theater. Mit einer Auswahl aus den dramaturgischen Schriften 1771–1828. Herausgegeben und mit einem Nachwort von Dieter Borchmeyer. it 675

Romane, Erzählungen, Prosa

Hans Christian Andersen. Glückspeter
Mit Scherenschnitten von Alfred Thon. it 643

Bettina von Arnim. Bettina von Arnims Armenbuch
Herausgegeben von Werner Vordtriede. it 541
– Dies Buch gehört dem König
Herausgegeben von Ilse Staff. it 666
– Die Günderode
Mit einem Essay von Christa Wolf. it 702

Apuleius. Der goldene Esel
Mit Illustrationen von Max Klinger zu »Amor und Psyche«. Aus dem Lateinischen von August Rode. Mit einem Nachwort von Wilhelm Haupt. it 146

Jane Austen. Emma
Aus dem Englischen von Charlotte Gräfin von Klinckowstroem. it 511

Honoré de Balzac. Die Frau von dreißig Jahren
Deutsch von W. Blochwitz. it 460
– Das Mädchen mit den Goldaugen
Aus dem Französischen von Ernst Hardt. Vorwort Hugo von Hofmannsthal. Illustrationen Marcus Behmer. it 60

Joseph Bédier. Tristan und Isolde
Roman. Deutsch von Rudolf G. Binding. Mit Holzschnitten von 1484. it 387

Harriet Beecher-Stowe. Onkel Toms Hütte
In der Bearbeitung einer alten Übersetzung herausgegeben und mit einem Nachwort versehen von Wieland Herzfelde. Mit 27 Holzschnitten von George Cruikshank aus der englischen Ausgabe von 1852. it 272

Ambrose Bierce. Aus dem Wörterbuch des Teufels
Auswahl, Übersetzung und Nachwort von Dieter E. Zimmer. it 440
– Mein Lieblingsmord
Erzählungen. Aus dem Amerikanischen von G. Günther. it 39

Die Blümlein des heiligen Franziskus von Assisi
Aus dem Italienischen nach der Ausgabe der Tipografia Metastasio, Assisi 1901, von Rudolf G. Binding. Mit Initialen von Carl Weidemeyer. it 48

Romane, Erzählungen, Prosa

Blumenschatten hinter dem Vorhang. Von Ting Yao Kang. Aus dem Chinesischen übertragen und mit einem Nachwort versehen von Franz Kuhn. Mit 18 Holzschnitten. it 744

Giovanni di Boccaccio. Das Dekameron
Hundert Novellen. Ungekürzte Ausgabe. Aus dem Italienischen von Albert Wesselski und mit einer Einleitung versehen von André Jolles. Mit venezianischen Holzschnitten. Zwei Bände. it 7/8

Hermann Bote. Ein kurzweiliges Buch von Till Eulenspiegel aus dem Lande Braunschweig. Wie er sein Leben vollbracht hat. Sechsundneunzig seiner Geschichten.
Herausgegeben, in die Sprache unserer Zeit übertragen und mit Anmerkungen versehen von Siegfried H. Sichtermann. Mit zeitgenössischen Illustrationen. it 336

Clemens Brentano. Gedichte, Erzählungen, Briefe
Herausgegeben von Hans Magnus Enzensberger. it 557

Emily Brontë. Die Sturmhöhe
Aus dem Englischen von Grete Rambach. it 141

Giordano Bruno. Das Aschermittwochsmahl
Übersetzt von Ferdinand Fellmann. Mit einer Einleitung von Hans Blumenberg. it 548

Gottfried August Bürger. Wunderbare Reisen zu Wasser und zu Lande. Feldzüge und lustige Abenteuer des Freiherrn von Münchhausen
Mit Holzschnitten von Gustave Doré. it 207

Hans Carossa. Eine Kindheit. it 295
– Verwandlungen einer Jugend. it 296

Lewis Carroll. Geschichten mit Knoten
Herausgegeben und übersetzt von W. E. Richartz. Mit Illustrationen von Arthur B. Frost. it 302
– Alice im Wunderland
Mit 42 Illustrationen von John Tenniel. Übersetzt und mit einem Nachwort versehen von Christian Enzensberger. it 42
– Alice hinter den Spiegeln
Mit Illustrationen von John Tenniel. Übersetzt von Christian Enzensberger. it 97

Romane, Erzählungen, Prosa

Lewis Carroll. Briefe an kleine Mädchen
Aus dem Englischen übersetzt und herausgegeben von Klaus Reichert. Mit Fotografien des Autors. it 172

Miguel de Cervantes Saavedra. Der scharfsinnige Ritter Don Quixote von der Mancha
Mit einem Essay von Iwan Turgenjew und einem Nachwort von André Jolles. Mit Illustrationen von Gustave Doré. 3 Bände. it 109

Adelbert von Chamisso. Peter Schlemihls wundersame Geschichte
Nachwort von Thomas Mann. Illustriert von Emil Preetorius. it 27

Matthias Claudius. Der Wandsbecker Bote
Mit einem Vorwort von Peter Suhrkamp und einem Nachwort von Hermann Hesse. it 130

James Fenimore Cooper. Die Lederstrumpferzählungen
In der Bearbeitung der Übersetzung von E. Kolb durch Rudolf Drescher. Mit Illustrationen von O. C. Darley. Vollständige Ausgabe. 5 Bände in Kassette.
Der Wildtöter · Der letzte Mohikaner · Der Pfadfinder · Die Ansiedler · Die Prärie. – it 760

Alphonse Daudet. Montagsgeschichten
Aus dem Französischen von Eva Meyer. it 649
– Briefe aus meiner Mühle
Aus dem Französischen von Alice Seiffert. Mit Illustrationen. it 446
– Tartarin von Tarascon. Die wunderbaren Abenteuer des Tartarin von Tarascon. Mit Zeichnungen von Emil Preetorius. it 84

Daniel Defoe. Moll Flanders. Herausgegeben und mit einem Essay versehen von Norbert Kohl. it 707
– Robinson Crusoe. Mit Illustrationen von Ludwig Richter. it 41

Deutsche Künstlernovellen des 19. Jahrhunderts
Herausgegeben von Jochen Schmidt. it 656

Charles Dickens. David Copperfield. Mit Illustrationen von Phiz. it 468
– Große Erwartungen. Aus dem Englischen von Margit Meyer. Mit Illustrationen von F. W. Pailthorpe. it 667
– Der Raritätenladen. Aus dem Englischen von Leo Feld. Mit Illustrationen von Cruikshank u.a. it 716

Romane, Erzählungen, Prosa

Charles Dickens. Oliver Twist
Aus dem Englischen von Reinhard Kilbel. Mit einem Nachwort von Rudolf Marx und 24 Illustrationen von George Cruikshank. Vollständige Ausgabe. it 242
– Weihnachtserzählungen
Mit Illustrationen von Cruikshank u. a. it 358

Denis Diderot. Die Nonne
Mit einem Nachwort von Robert Mauzi. Der Text dieser Ausgabe beruht auf der ersten deutschen Übersetzung von 1797. it 31
– Erzählungen und Gespräche
Aus dem Französischen von Katharina Scheinfuß. it 554

Die drei Reiche. Roman. Aus dem Chinesischen von Franz Kuhn. Mit 24 Holzschnitten. it 585

Fjodor M. Dostojewski. Der Idiot. Aus dem Russischen von Hermann Röhl. Mit einem Nachwort von Hermann Hesse. it 740
– Schuld und Sühne. Roman in sechs Teilen. Aus dem Russischen von Hermann Röhl. Illustrationen von Theodor Eberle. it 673
– Der Spieler. Aus den Erinnerungen eines jungen Mannes. Aus dem Russischen von Hermann Röhl. it 515

Annette von Droste-Hülshoff. Bei uns zulande auf dem Lande. Prosaskizzen. Herausgegeben von Otto A. Böhmer. it 697
– Die Judenbuche. Ein Sittengemälde aus dem gebirgichten Westfalen. Mit Illustrationen von Max Unold. it 399

Alexandre Dumas. Der Graf von Monte Christo. Bearbeitung einer alten Übersetzung von Meinhard Hasenbein. Mit Illustrationen von Pavel Brom und Dagmar Bromova. Zwei Bände. it 266
– Die Kameliendame. Aus dem Französischen von Walter Hoyer. Mit Illustrationen von Paul Garvani. it 546

Joseph Freiherr von Eichendorff. Aus dem Leben eines Taugenichts
Mit Illustrationen von Adolf Schrödter und einem Nachwort von Ansgar Hillach. it 202
– Novellen und Gedichte. Herausgegeben von Hermann Hesse. it 360